„Absolute Rechtskraft“

und

heutiges Deutsches Recht.

Von

Dr. Johann Christoph Schwartz,
Privatdozent an der Universität Berlin.

Berlin, 1900
Verlag von H. W. Müller.

„Absolute Rechtskraft“

und

heutiges Deutsches Recht.

Von

Dr. Johann Christoph Schwartz,
Privatdozent an der Universität Berlin.

Berlin, 1900
Verlag von H. W. Müller.

Sonderabdruck aus
der Festgabe für Heinrich Dernburg.

Unlängst ist Bülow mit der ihm eigenen überzeugungsvollen Energie für die „absolute Rechtskraft des Urtheils" eingetreten. Die ausführliche Arbeit[1] weist alle Vorzüge der Darstellungskunst des Verfassers auf. Ihr ist wiederholt Zustimmung zu Theil geworden.[2] Sie ist auch in hohem Maße anregend; vielleicht nicht so sehr durch Neuheit der Gedanken, als vielmehr durch die Art der Zusammenfassung, durch die eindringende Sorgfalt, mit der jedem möglichen Zweifel begegnet, jedem denkbaren Einwande eine Widerlegung entgegengestellt wird.

Zu richtiger Würdigung der Abhandlung wird man festhalten müssen, daß sie in der Hauptsache sich als Streitschrift darstellt. Veranlassung hatten die Vorarbeiten für das Bürgerliche Gesetzbuch gegeben. Nach einem bei Berathung des zweiten Entwurfs gefaßten Kommissionsbeschlusse[3] sollte der § 191 des ersten Entwurfs in die deutsche Civilprozeßordnung verwiesen werden und dort nachstehende — allerdings herausfordernd schroffe — Fassung erhalten:

> „Das rechtskräftige Urtheil hat die Wirkung, daß das Zuerkannte nicht mehr bestritten, das Aberkannte nicht mehr geltend gemacht werden kann.
>
> Auf diese Wirkung kann verzichtet werden. Das Gericht darf dieselbe nur berücksichtigen, wenn sie geltend gemacht wird."

Den zweiten Absatz dieses Paragraphen wollte Bülow gestrichen wissen. Und wenn unser Prozeßgesetz von einer derartigen Vorschrift verschont blieb, so ist das nach meiner Ueberzeugung ein Verdienst hauptsächlich der Bülow'schen Arbeit.[4] Ihr Gedankengang ist dieser:

---

1) Civ. Arch. Bd. 83 (1894) S. 1—152.

2) Vgl. z. B. Kleinfeller i. d. Krit. Vierteljahrsschr. Bd. 37 (1895) S. 104 ff., Oertmann, Vergleich (1895), R. Schmidt, Lehrb. (1898) S. 807, F. Endemann, Lehrb. d. B.R. 6. Aufl. (1899) S. 870.

3) Prot. Bd. 1 S. 253 ff.

4) Vorher hatten sich gegen Abs. 2 § 191 des Entwurfs, bezw. für Geltendmachung der Rechtskraft von Amtswegen bereits ausgesprochen — wie Bülow selbst S. 8 Anm. 9 hervorhebt —: u. a. Hölder, Schilling, Fischer, Kohler.

Der erwähnte § 191 unterstellt die Wirkung der res judicata dem Parteibelieben. Das widerspricht unserer modernen Auffassung, die im Urtheil auf die staatliche Aktion, auf den Akt öffentlichen Rechts Gewicht legt. Der Staat giebt im Urtheil Rechtsgewißheit, wie könnte diese staatliche Festsetzung dem Parteiwillen unterstellt, beliebig aufhebbar sein? Demgemäß wird Savignys Lehre von der „exceptio rei judicatae" für unser heutiges Recht widerlegt. Der res judicata wohnt eine besondere auctoritas bei, das beweist die Richtigkeit der sententia contra res prius judicatas lata. Auf eben diese auctoritas sind die Bestimmungen über die transactio post rem judicatam zurückzuführen. Dieser auctoritas entspricht allein die Berücksichtigung der Rechtskraft von Amtswegen.

Den Unterbau der Bülow'schen Lehre bildet fast durchweg das römische Recht. Gerade dieser Hauptheil der Beweisführung ist neuerdings von Pernice[1] angefochteu worden mit dem Satze, daß für das klassische römische Recht der Gedanke der „absoluten Rechtskraft" sich nicht begründen lasse. Mir will es scheinen, daß Pernice den von Bülow herangezogenen Quellenstellen in überzeugender Weise eine Auslegung gegeben hat, die ihnen jede entscheidende Bedeutung für die vorliegende Frage nimmt.

Andererseits ist sicher, daß im Anschluß an einzelne Aussprüche in den justinianischen Rechtsbüchern das kanonische, in gewissem Sinne auch das gemeine Recht eine „absolute Rechtskraft des Urtheils" anerkannt hat.

Aber Bülow hat zu Ende des 19. Jahrhunderts de lege ferenda geschrieben. Es fragt sich, ob seine Darlegungen für unser heutiges Recht zutreffen?

Darauf möchte ich so antworten:

Bülow's Konstruktion erscheint mir nicht zutreffend. Trotzdem ist das praktische Ergebniß seiner Untersuchung, das Ziel, dem er zustrebt, richtig. Zur Erreichung dieses Zieles aber weist uns das heutige deutsche Recht einen anderen, geraderen Weg.

Die nachfolgenden Ausführungen sollen in Kürze diese Ansicht begründen.

1.

Nach Bülow ist „absolute Rechtskraft" eine dem Urtheil innewohnende Eigenschaft. Diese neue Bezeichnung ist nicht glücklich, sie ist zu umfassend, zu allgemein. Gewählt wurde sie offenbar nur, um den Gegensatz zur „dispositiven" Rechtskraft, wie eine solche durch den er-

1) Parerga IX. Sav. Zeitschr. r. Abth. Bd. 19 S. 140ff.

wähnten § 191 Abs. 2 festgestellt werden sollte, scharf zu betonen. Die res judicata darf und soll auch ohne Parteiantrag vom Gerichte von Amtswegen zur Geltung gebracht werden. — Eine Einschränkung ergiebt sich dabei ohne Weiteres: absolute Geltung kann die res judicata nicht etwa auch in dem Sinne haben, daß ihr Inhalt vom Richter ex officio schlechthin praktisch durchgesetzt, zur Ausführung gebracht werden müßte, oder auch nur dürfte. Davon kann natürlich nicht die Rede sein. Ein Interesse daran, daß die rechtskräftige über Vermögensrechte ergangene Entscheidung nun auch vollstreckt werde, ist für den Staat nicht gegeben. Für ein Civilverfahren ist nie zweifelhaft gewesen, daß Vollstreckung nur auf Antrag der siegenden Partei erfolgen dürfe: von der actio judicati bis zum heutigen Antrage auf Ertheilung der vollstreckbaren Ausfertigung.[1] Vollstreckbarkeit ist ohnehin nicht eine wesentliche Eigenschaft des rechtskräftigen Urtheils, sie fehlt zuweilen ganz (z. B. dem Feststellungsurtheile) sie kann suspendirt werden; umgekehrt kann sie einem nicht rechtskräftigen Urtheile gewährt sein, ja auch nicht urtheilsmäßige Festsetzungen sind unter gewissen Bedingungen vollstreckbar.

Will man dem „absoluten" in der Rechtskraftwirkung, wie Bülow sie konstruirt, die nothwendige Grenze ziehen, so muß man ausgehen von dem Wesen des heutigen Civilurtheils. Dasselbe ist — einerlei wie die Formel lauten möge — immer nur Feststellungsurtheil.[2] Das Urtheil

---

1) Nur scheinbar weicht ab die Vorschrift des § 894 C.P.O.: „Ist der Schuldner zur Abgabe einer Willenserklärung verurtheilt, so gilt die Erklärung als abgegeben, sobald das Urtheil die Rechtskraft erlangt hat." Zwecklose Verzögerung sollte vermieden werden. — Da der Kläger nicht die Feststellungsklage gewählt hat, bezw. nicht während des Prozesses auf sie übergegangen ist, so supponirt das Gesetz den zugleich gestellten Vollstreckungsantrag. „Ist die Willenserklärung von einer Gegenleistung abhängig gemacht", so bedarf es wieder des ausdrücklichen Vollstreckungsantrages: jene Wirkung tritt erst ein „sobald nach den Bestimmungen der §§ 726, 730 eine vollstreckbare Ausfertigung des rechtskräftigen Urtheiles ertheilt ist".

Anders steht es in Ehe-, Kindschafts- und Entmündigungssachen. Hier bewirkt die Rechtskraft des Urtheils regelmäßig schlechthin die entsprechende Zustandsveränderung, die Vollstreckung fällt mit dem Rechtskrafteintritt zusammen. Hier macht sich aber das öffentliche Interesse geltend: „das subjektive Recht reicht — nur soweit als die Indifferenz der Staatsgewalt gegenüber dem Eintreten des ihm entsprechenden Erfolges" (Degenkolb, Einlassungszw. u. Urtheilsnorm S. 87, 88). Im Gegenbilde bewährt sich dieser Satz für die rechtskräftigen Verurtheilungen „zur Eingehung einer Ehe — zur Herstellung des ehelichen Lebens — zur Leistung von Diensten aus einem Dienstvertrage". Hier wird aus Gründen öffentlichen Rechts der unmittelbare Vollstreckungszwang versagt (vgl. C.P.O. § 888 einerseits und § 893 ebds., sowie § 1567 Abs. 2[1] B.G.B. andererseits).

2) Vgl. Schultze, Priv.R. u. Proz. S. 125, 581, 599, und sehr bestimmt dagegen Weismann, Hauptintervention S. 53.

giebt, und das zwar mit staatlicher Autorität, Rechtsgewißheit, enthält nicht etwa den Befehl an die eine oder die andere Partei, etwas zu thun oder zu unterlassen; es sagt mehr nicht als dieses: so festgestellt, so umgeformt, deckt sich der von den Parteien in Streit gezogene Anspruch, das streitige Rechtsverhältniß mit den objektiven staatlichen Normen des Privatrechts und des Prozeßrechts.

Das ist und damit erschöpft sich das publizistische Wesen des Urtheilsausspruchs.

Der im Urtheil sich vollziehende Akt des öffentlichen Rechts hat aber daneben noch hochbedeutsame privatrechtliche Wirkung. Der Urtheilsausspruch berechtigt regelmäßig die obsiegende Partei, ihren so festgestellten Anspruch mit staatlicher Hilfe durchzusetzen, sei es im Vollstreckungsverfahren, sei es mit der exceptio rei judicatae; aber nach beiden Richtungen nur wenn und so weit die Partei solches will. Das rechtskräftige Urtheil verpflichtet umgekehrt die unterliegende Partei, sich dem festgestellten Anspruche des Gegners zu fügen, wenn und soweit dieser ihn geltend machen will; die Nichterfüllung dieser Pflicht ist mit staatlicher Zwangsausübung bedroht.

So ist es heute, so war es im klassischen Rom „das Urtheil erscheint als Rechte verleihend und Pflichten auferlegend; der Private leitet daraus eine Befugniß für sich her, die er wie jede andere auch ungenutzt lassen kann".[1] Die unter staatlicher Autorität vollzogene Deklaration des streitigen Rechtsverhältnisses hat nicht etwa „absolute" Kraft zur Gestaltung der Verhältnisse des Lebens und Verkehrs im gegebenen Falle. Sie kann solche Kraft nicht haben, ebensowenig wie regelmäßig die allgemeine, also mit noch weiterer Autorität ausgestattete privatrechtliche Gesetzesnorm. Soweit nicht positive Vorschrift ein Anderes bestimmt, regeln Gesetz und rechtskräftiges Urtheil auf dem Gebiete des Privatrechts subjektive Rechte: „Willensmacht oder Willensgebundenheit."[2] Einer solchen Regelung muß begrifflich die Kraft zu absoluter Gestaltung konkreter Verhältnisse fehlen. Der Parteiwille ist im Umfange der Ermächtigung souverän: das subjektive Recht kann aufgegeben, verringert und, wenn die Parteien einig sind, vertauscht, vergrößert werden; die zeitweilige konkrete Gestaltung eines subjektiven Rechts — einerlei woher sie rührt — trägt niemals die Gewähr dauernden Bestandes in sich.

---

1) Pernice S. 151.

2) Gierke, D. Priv.R. I S. 253.

2.

Aber das publizistische Wesen des Urtheils kommt doch auch in Betracht. Nicht nur subjektive Rechte und Pflichten werden geregelt, es liegt doch ein objektivrechtliches Moment in der Urtheilsfeststellung. Läßt sich nicht vielleicht hierauf der Gedanke der Unabänderlichkeit, die Konstruktion des „absoluten" anwenden? — Natürlich, dieser Gedanke drängt sich energisch von selbst auf. Ist einmal vom Staate das zwischen den Parteien streitige subjektive Rechtsverhältniß im Einklang mit den objektiven Normen festgestellt, dann ist die damit gegebene Rechtsgewißheit eine absolute, unabänderliche. Eine Rechtsgewißheit, die nur für den Augenblick der Verkündung des Urtheils bestände, wäre keine Rechtsgewißheit, mindestens nicht eine solche, wie sie zur Aufrechthaltung der Rechtsordnung unentbehrlich ist. Und was vom Staate für gewiß erklärt worden ist, wie sollte das hinterher durch Parteibelieben schlechthin wieder in den Zustand der Ungewißheit versetzt werden können? Zieht man die bündige Folgerung aus dieser publizistischen Seite des Urtheils, so gelangt man zu folgendem Satze: wenn eine einmal rechtskräftig entschiedene Streitsache hinterher in Anlaß irgend welcher Komplikationen, sei es im Einverständniß der Parteien mit Kenntniß des früheren Urtheils, sei es ohne solche Kenntniß, abermals einem Gerichte, demselben oder einem anderen — vorgelegt wird, dann ist das zweite oder spätere Urtheil nichtig, es ist kein Urtheil, es konnte nicht eine Rechtsgewißheit erst feststellen, die schon feststand.

Allein Zweck und Werth der knappen Einwendungen, die Pernice gegen Bülow vorbringt, bestehen eben in dem Nachweise, daß die klassische römische Jurisprudenz die öffentlichrechtliche Seite des Civilprozesses zwar fühlte, trotzdem aber von der privatrechtlichen Konstruktion nicht lassen wollte. Man hatte den Satz bis de eadem re ne sit actio, die Durchführung wurde aber der Partei überlassen, der zu dem Behufe die exc. r. i. j. ded., später die exc. r. j. zur Verfügung stand. Die klassische Zeit behilft sich mit den dem Privatrechte entnommenen „Denkfiguren" des judicio contrahi und des novari.[1]

Zur Begründung des Satzes, daß die sententia contra res prius judicatas lata nichtig sei, hat die gemeinrechtliche Lehre sich regelmäßig auf dieselben Quellenstellen berufen, die auch Bülow[2] ins Feld führt. Aber diese Argumentation ist mindestens stark erschüttert worden durch

---

1) Pernice 145, 146, 152, 153.
2) S. 70.

den von Pernice[1] erbrachten Nachweis, daß jene Erlasse alle nur feststellen, der Richter dürfe seine Schlußentscheidung nicht abändern; daß aber die Kaiser „irgendwo das zweite Urtheil, das mit Willen der Parteien gefällt ist, für nichtig erklärt hätten" könne nicht zugegeben werden.

Die Gegenüberstellung ist scharf und überzeugend. Dagegen ist Bülow's Berufung auf das kanonische Recht[2] zweifellos zutreffend. Der Satz im 2. Th. des Gratian'schen Dekrets[3] lautet ganz allgemein: Item si sententia lata fuerit contra res prius judicatas, a quibus provocatum non est, sententiae auctoritatem non obtinebit, et ideo appellare non est necesse. Ebenso lehrt Ricardus Anglicus:[4] Retractatur autem sententia multis modis: puta si contra rem judicatam prius lata fuerit; und Tancred:[5] Item ratione alterius sententiae, super eadem re prius latae et non suspensae per appellationem, fit sententia nulla. Auch Ulrich Tengler[6] führt unter den Nichtigkeitsfällen auf „Item ob ein vrteil wider ein ander, so vormals in der sach gegeben, die in ihr krafft gegangen, gesprochen wer."

Wenn also auch nicht für das römische Recht, so wäre doch wenigstens für das kanonische Recht und die mittelalterliche Doktrin wohlbegründet Bülow's Ausspruch:[7] „Dadurch, daß die sententia contra res prius judicatas lata dem civilrechtlichen Nichtigkeitsgedanken unterstellt wurde, ist die absolute Rechtskraft des Urtheils so vollständig wie nur irgend möglich zur Anerkennung und Bestätigung gelangt." — Allerdings. Aber dieser Standpunkt ist in der geschichtlichen Entwicklung früh bekämpft und verhältnißmäßig rasch wieder verlassen worden.

Bülow selbst erwähnt[8] kurz Arthur Skedls treffliche „Erstlingsarbeit"[9] und beschränkt sich auf die Bemerkung, es sei daraus zu ersehen, wie allmählich der besprochene Nullitätsfall gleich allen prozessualichen Nullitäten „nicht mehr nach Art einer privatrechtlichen Nichtigkeit —, sondern als Grund einer besonders ausgezeichneten Anfechtung, eines Rechtsmittels" behandelt worden sei. — Nach meinem Dafürhalten

1) S. 148.

2) S. 72 Note 18.

3) c. 2 qu. 6 cap. 41 § 4.

4) Witte S. 45[20].

5) Bergmann Tit. 2 § 5 S. 280[5].

6) Laienspiegel, Brand's Ausgabe, Straßburg 1560 S. 83.

7) Sämmtliche Stellen führen zurück auf die l. 1 Cod. qu. prov. 7, 64, bezw. auf die l. 1 Cod. sent. resc. 7, 50.

8) S. 72 Note 18.

9) „Die Nichtigkeitsbeschwerde", Leipzig 1886.

ist damit die Bedeutung jener Untersuchung für die vorliegende Frage keineswegs genügend gewürdigt. Skedl's auf umfassendes Material gegründete, vorsichtig und geschlossen aufgebaute Darstellung führt zu folgendem Ergebnisse:

In Anlehnung an longobardische Rechtsbildungen hat zuerst das italienische Statutarrecht, indem es ein kurzfristiges Rechtsmittel der Nichtigkeitsbeschwerde schuf, den Gedanken der absoluten Nichtigkeit eines Urtheils zurückgewiesen. Die Glossatoren, die kanonistische Doktrin des Mittelalters widerstanden einstweilen jener Entwicklung der Städtegesetzgebung, allmählich aber wird ein Nachgeben bemerkbar. Die Wissenschaft findet sich mit dem Rechtsmittel der Nichtigkeitsbeschwerde ab. Die Einlegung wird bis zum Ablauf der 30 jährigen Verjährungsfrist gestattet; ist sie aber bis dahin nicht erfolgt, so ist die Nullität geheilt: die frühere sententia nulla ist unanfechtbar, rechtswirksam. Schon hiermit ist im Grunde das Prinzip der absoluten Nullität der sent. contr. r. pr. jud. lata durchbrochen. Als aber die Rezeption die Lehre von der Nichtigkeitsbeschwerde nach Deutschland übermittelt hatte, da vollzog sich hier in derselben Richtung eine noch viel energischere Abwendung vom kanonischen Rechte. Nicht sowohl das Kammergericht[1] und die Kameralisten, als vielmehr die Partikulargesetzgebung und die sächsischen Prozessualisten griffen auf den Gedanken, daß, wenn überhaupt, in 30 Jahren, eine sententia nulla rechtskräftig werden könne, die Frist im Interesse der Verkehrssicherheit doch wohl auch durch Gesetz verkürzbar sein müsse; und solche Verkürzung empfehle sich füglich.[2] Skedl giebt[3] eine sorgfältige Uebersicht über die deutschen Gesetze, in denen dieser weitere Schritt gethan wurde. An die partikulare Entwicklung aber schloß sich der J.R.A. mit der Bestimmung an, daß wenigstens die nullitates sanabiles nur intra decendium vorgebracht werden dürften, während für die nullitates insanabiles die gemeinrechtliche Frist von 30 Jahren offen bleibe.

Bei der noch übrigen Arbeit,[4] die nullitates insanabiles möglichst zu beseitigen, haben sich dann abermals unsere Partikularrechte hervorgethan, und offenbar hierdurch beeinflußt, hat schließlich auch die

---

1) Doch weist Skedl S. 174 ff. mit Recht auf die K.G.O. v. 1521 u. 1555 hin, welche die Kumulirung der Nichtigkeitsbeschwerde mit der Appellation vorschrieben, und nur wenn keine Appellation eingelegt war, die Nichtigkeitsbeschwerde noch innerhalb 30 Jahren gestatteten.

2) S. 177, 178 Anm. (Karpzow).

3) S. 173 ff. in der Anm.

4) Skedl's Abhandlung schließt mit dem J.R.A.; vgl. aber auch Skedl, „Die Urtheilsnichtigkeit“, Grünhut Bd. 14 (1887) S. 81 ff.

der selbständigen Entwicklung unseres Prozeßrechts so wenig geneigte deutsche gemeinrechtliche Wissenschaft mitgewirkt. Es mag hervorgehoben werden, daß Martin,[1] Mittermaier,[2] Linde,[3] Bayer,[4] Renaud[5] übereinstimmend lehrten, die sententia contra res prius judicatas lata leide nur an sanabler Nichtigkeit.

Dieser geschichtliche Entwicklungsgang ist um deswillen von besonderem Interesse, weil sich in ihm deutlich veranschaulicht der energische, zähe Kampf germanischer und romanischer Rechtsgedanken. Die germanische „Verschweigung“[6] tritt, immer mehr durchdringend, zuletzt siegreich, der zwar konsequenten, aber dem neuen Verkehrsleben nicht genehmen Konstruktion einer absolut nichtigen Entscheidung entgegen. Gabs aber jetzt eine absolut nichtige Entscheidung nicht mehr, wurde die intra decendium nicht angefochtene sententia contr. res pr. jud. lata rechtskräftig, so war damit der res pr. jud. eben die absolute Rechtskraft abgesprochen.

Also entfällt der von Bülow auf Grund jener römisch (?) kanonischen Konstruktion unternommene Beweis. —

Durchaus im Zuge der modernen deutschen Entwickelung steht in diesem Punkte auch die Reichscivilprozeßordnung: die Nullität des einer früheren rechtskräftigen Entscheidung widersprechenden Urtheils wird in unserem Gesetze nicht nur nicht anerkannt, sondern ausdrücklich verworfen. Wir haben zwar eine „Nichtigkeitsklage“, aber unter die Nichtigkeitsgründe ist der Fall der Entscheidung trotz bestehenden rechtskräftigen Urtheils und wider ein solches nicht aufgenommen.[7] Schon dies ist, wenn das Gesetz gewisse, eng begrenzte „Nichtigkeitsfälle“ überhaupt kennt, entscheidend. Die von der Restitutionsklage handelnden Be-

1) Lehrb. 5. Aufl. §§ 283, 284.

2) D. gem. d. bgrl. Proz. 2. Aufl. Bd. III S. 123.

3) Handb. V S. 461, 462 u. 522 ff.

4) 9. Aufl. S. 1092.

5) Lehrb. 2. Aufl. S. 587.

6) Jedenfalls trifft hier zu der der Verschweigung im Vergleich zur Ersitzung zu Grunde liegende Gedanke, den Immerwahr („Die Verschweigung“, in Gierke's Unters. 48) so feststellt: „bei letzterer erfolgt der Rechtserwerb durch eigene Besitzthätigkeit, hier durch passives Verhalten des Gegners“ (S. 2). Das nichtige Urtheil wird durch Unterlassung der Nichtigkeitsbeschwerde rechtskräftig (!): „quandoque nulla (sc. sententia) est et transit in rem judicatam post triginta annos“ (J. Urbach, vgl. Skedl S. 148). In den Hansestädten war das rechtskräftige Urtheil ins Stadtbuch einzutragen, es wurde dann gleich der Auflassung unanfechtbar nach Ablauf der Verschweigungsfrist von Jahr und Tag (vgl. auch Skedl S. 174 Anm. u. Immerwahr S. 34, 35, 48).

7) C.P.O. § 579.

stimmungen[1] erwähnen allerdings den Fall der nachträglichen Auffindung eines älteren rechtskräftigen Erkenntnisses in derselben Sache; aber wie? — Einmal soll es sich eben nur handeln um Restitution, d. h. um eine Billigkeitsmaßregel gegenüber dem strengen Rechte; sodann wird die Billigkeitsmaßregel nur gewährt, wenn die Klage in der Nothfrist von einem Monate seit Kenntnißnahme vom Restitutionsgrunde erhoben wurde, garnicht mehr, wenn seit der Rechtskraft des zweiten Erkenntnisses 5 Jahre verflossen sind. Es handelt sich ferner nicht etwa um eine Spezialbestimmung gerade zur Begünstigung des früheren rechtskräftigen Urtheils, dieses wird vielmehr auf eine Stufe gestellt mit jeder beliebigen später aufgefundenen, der Partei günstigen Urkunde. Endlich, und dies ist ganz besonders bezeichnend: die Restitution wird dann nicht gewährt, wenn die Partei im früheren Verfahren in der Lage gewesen war, sich auf die ältere res judicata zu berufen, solches aber schuldhaft unterlassen hat.

Die Theorie der „absoluten Rechtskraft" in Bülow's Sinn ist damit weit weggewiesen: es handelt sich um billiges Entgegenkommen zu Gunsten einer unverschuldet in Nachtheil gerathenen Partei. Hiervon abgesehen gilt die Regel: jedes rechtskräftige Urtheil verliert seine Kraft, sobald hinterher in derselben Sache ein anderes Urtheil von demselben oder einem anderen Gerichte gefällt wird und die Rechtskraft beschreitet. Beim Vorhandensein zweier einander widersprechender rechtskräftiger Urtheile über dieselbe Sache gilt das jüngere Urtheil, nicht das ältere.[2] Die ältere res judicata ist wirkungslos.

---

1) §§ 580, 586, 582.

2) S. Kohler, Prozeßrechtl. Forsch. 1889 S. 97. Bülow, in der um 5 Jahre jüngeren Abhandlung, geht hierüber hinweg und übersieht nach meinem Dafürhalten bei Erörterung der Restitution propter rem judicatam (S. 144—148), daß eben nur in Ausnahmefällen vom Gesetze die Möglichkeit gewährt wird, das ältere Urtheil bei Kraft zu erhalten. L. Holtz, in seiner im Uebrigen sorgfältigen Dissertation „Urtheil wider Urtheil", Göttingen 1890, gelangt (in Anlehnung an Gaupp, Komm. 1. Aufl. Bd. II S. 614, — in den späteren Auflagen ist die Stelle fortgeblieben) zu folgendem Ergebnisse: „Man wird nach der C.P.O., nach welcher die Gültigkeit des zweiten Urtheils die Regel ist, annehmen müssen, daß das erste Urtheil neben diesem seine volle Kraft behält." Zur Begründung wird angeführt: „auf positive Vorschriften könnte sich die Behauptung des Gegentheils nicht stützen, da die C.P.O. keine bezüglichen Vorschriften trifft; und ohne solche dürfte es kaum zu rechtfertigen sein und mit den allgemeinen Grundsätzen über die Rechtskraft der Erkenntnisse im Widerspruch stehen, wollte man, nachdem aus irgend welchen Gründen das zweite Urtheil für gültig erklärt ist, um deswillen das frühere Urtheil außer Kraft setzen, trotzdem dasselbe an erster Stelle „auctoritas rei judicatae" erlangt hatte" (S. 51, 52). — Soweit das thatsächliche Nebeneinander zweier rechtskräftiger

Das ist das Gegentheil der Lehre, die Bülow über die auctoritas rei judicatae vorträgt, als ob solche Lehre noch heute anwendbar wäre.

3.

Im Bestreben, den Gedanken der „absoluten Rechtskraft" des Civilurtheils zu veranschaulichen, ihm möglichst reichen Gehalt zu geben, hat Bülow in die Erörterung auch hineingezogen den gemeinrechtlichen Satz, daß ein Vergleich über eine rechtskräftig entschiedene Sache unzulässig sei. Pernice[1] ist sicher im Rechte, wenn er darauf hinweist, daß von den römischen Juristen dieser Satz nicht mit der auctoritas rei judicatae begründet, vielmehr nur als eine Folgerung aus der rechtlichen Natur des Vergleichs aufgefaßt werde: über Gewisses, Feststehendes könne man sich nicht vergleichen. Unter diesem Gesichtspunkte hat auch die gemeinrechtliche Doktrin bis auf unsere Zeit fast ausschließlich den Vergleich über rechtskräftige Urtheile behandelt. Ihren Ausgang nimmt die römische Lehre von einem besonderen Erlasse der Kaiser Sever und Caracalla: placuit transactionem (sc. post r. j.) esse nullius momenti. Ulpian,[2] der sich auf diesen, augenscheinlich im Kognitionsverfahren ergangenen Erlaß[3] bezieht, führt eine Begründung nicht an; eine Begründung findet sich ebensowenig in dem späteren, die Zulässigkeit des Vergleichs verneinenden Erlasse der Kaiser Diokletian und Maximian.[4] Es handelte sich um eine Zeit, in der das neue Rechtsmittelwesen die Rechtspflege verwirrte, mindestens gewaltig belastete. Wäre es nicht denkbar, daß man einfach gemeint habe, durch das Vergleichsverbot eine Reihe lästiger, verzwickter Rechtshändel aus der Welt zu schaffen? Auch das würde sich doch vielleicht erklären lassen „aus dem Wesen des späteren kaiserlichen Regiments".[5] Besonders rühmlich für die civilistische Feinheit jener Kaisergesetzgebung wäre eine solche Unterstellung allerdings nicht. Aber wieder später findet sich in dem analogen Erlaß

Urtheile, deren Kollision z. B. unbekannt wäre, gemeint ist, erscheint die Behauptung selbstverständlich; als rechtliche Lösung ist sie unhaltbar. Einer „positiven Bestimmung" bedurfte es nicht, denn es giebt eben nur ein aut—aut. Und haben nicht die gesetzlichen Ausdrücke „Restitution", „Wiederaufnahme des Verfahrens" genügend positive Bedeutung? Das außerordentliche Rechtsmittel soll ausnahmsweise dem älteren Judikat die verlorene Kraft wiederschaffen durch Vernichtung des späteren. Daraus ergiebt sich der Schluß für den Fall der Ablehnung solcher Vernichtung.

1) S. 150.

2) l. 23 § 1 D. de cond. indeb. 12, 6.

3) Pernice S. 150.

4) l. 32. C. de transact. 2, 4.

5) Pernice S. 149.

der Kaiser Valens und Valentinian [1] eine Begründung, die vollends — keine ist: post sententiam pacisci non licere, juris ordine praecavetur unde cum supplicans, inique se oppressum et post sententiam sacri auditorii depactum esse commemoret — — legum auxilio consula supplicanti." Die Partei soll ungerecht bedrückt worden sein dadurch daß sie nach erstrittenem günstigem Urtheil von dem (vielleicht einflußreicheren) Gegner zu einem ungünstigen Vergleich bestimmt wurde. Das wäre nun ein ganz neuer, man würde heute sagen: ein sozialer Gesichtspunkt, der aber doch im Besonderen mit der Lehre von der transactio post rem judicatam nichts zu schaffen hätte. Es ist interessant, daß den Kaisern Valens und Valentinian nach fast $1\frac{1}{2}$ Jahrtausenden ein warmer Vertheidiger entstand in keinem geringeren als Thibaut. [2] Er war es dann, der den Satz aufstellte: „die Gerichte (sind) dabey interessirt, daß ihr Ansehen erhalten werde, und daß nicht, nach völlig ausgemachter Sache, wieder ein angeblicher Vergleich als höchste Instanz erscheine!" [3] Diese Lehre hat zunächst wenig Anklang gefunden, erst Regelsberger [4] ist Thibaut beigetreten und danach hat Bülow die auctoritas rerum judicatarum als Stütze für die absolute Rechtskraft verwerthet. [5]

---

1) Consultatio IX § 1 (ex corp. Hermog).

2) Arch. f. d. c. Pr. VIII. S. 302: „mehrere Bauern hatten mit ihrem Gutsherrn über eine Weidegerechtigkeit viele Jahre gestritten. Der Gutsherr hatte den Prozeß durch alle Instanzen verloren; als aber bei der letzten Auseinandersetzung der Schaden liquidirt ward, schützte sich der Gutsherr mit einem soeben geschlossenen Vergleich, wodurch ihm für nicht mehr als 10 Thaler in allen Dingen Recht gegeben war. Das Untergericht verwarf aber den Vergleich bloß wegen L. 32 C. de transact. und wir (das Heidelberger Spruchkollegium und Th. als Referent) trugen keine Bedenken, diese Entscheidung aus demselben Grunde zu bestätigen", — und S. 307: „Ruhige und gutgesinnte Menschen pflegen — nichts mehr zu fürchten als Prozesse; aber der Zanksüchtige ruhet nie, und ist mithin dem Friedfertigen immer furchtbar. Kann also post rem judicatum noch immer von Ungewißheit, und Beylegung derselben durch Vergleiche geredet werden, so behält der Bösartige stets die Waffen in der Hand und wird leicht durch angedrohte Weiterungen einen Vergleich erzielen. — — Hierzu passen denn auch in der — Konstitution von Valentinian und Valens die Worte „inique se oppressum" sehr gut; und ich würde bey Betrachtung des im Eingange erwähnten Falles auf der Stelle dasselbe gesagt haben, wie mir die armen Bauern den kümmerlichen Vergleich vorgelegt hätten."

3) Ebenda S. 306.

4) Pand. S. 623, vgl. auch unten S. 14 Note 4 (Lenel).

5) Die neueste, sehr eingehende Monographie über den Vergleich: C. Bertolini, della transazione secundo il diritto romano (Turin 1900) folgt (S. 345 ff.) der bisher herrschenden Meinung bei Begründung der Nullität des Vergleichs contra r. j. (oben S. 12). Bertolini verwerthet aber Bülow's Lehre von der Nothwendigkeit

Neu ist in Bülow's Auseinandersetzung die Unterscheidung zwischen Vergleich über die Rechtskraft (oder Verzicht darauf) einerseits und Vergleich über die actio judicati andererseits.[1] Daß dieser Gegensatz auf die römischen Quellen zurückgeführt werden könne, scheint mir nicht dargethan zu sein.[2] Die von den Juristen gebrauchten Worte: das eine Mal de re judicata oder super judicato und dann wiederholt post sententiam, post rem judicatam — sind doch wohl nicht entscheidend. Gelegentlich giebt denn auch Bülow selbst wieder zu, „daß die beiden Verzichtsgeschäfte (nämlich Rechtskraftverzicht und Judikatsanspruchsverzicht) in den Quellen doch nicht immer mit voller Deutlichkeit getrennt von einander erscheinen".[3] Ich vermag aus keiner der in Frage kommenden Stellen mit Sicherheit etwas zu entnehmen über einen Verzicht auf die Rechtskraft, über einen Vergleich, dahin gehend, daß die entschiedene Sache noch ein Mal gerichtlich entschieden werden solle.[4] Ganz verschieden davon ist freilich die andere Frage, ob nicht den Parteien die Möglichkeit offen gestanden habe, durch (vielleicht vereinbarte) Nichtvorschützung der exc. r. j. ein neues abweichendes Urtheil zu Wege zu bringen.[5] Dies ist sicher für das römische Recht zu bejahen, es ist aber noch vollends außer Zweifel gesetzt für unser heutiges Recht.

Bülow selbst hebt[6] die zwischen Rechtsvergleich und Urtheil bestehende Zweckgemeinschaft scharf hervor, er stellt demgemäß als nahe verwandt nebeneinander das von ihm konstruirte Verbot der transactio de re judicata und das Verbot des judicare de re judicata. Oben ist indessen dargelegt, daß ein absolutes Verbot, de re judicata zu

---

des Schutzes der auct. r. j. zur Erklärung des Umstandes, daß die römischen Kaiser so häufig ausdrückliche Verbote des Vergleichs p. r. j. erließen (vgl. Regelsberger a. a. O.). Uebrigens scheidet Bertolini sehr mit Recht, soweit er auf Thibaut zurückgeht, das „inique se oppressum" aus, als ein zufälliges, nicht in der Sache selbst liegendes Moment: „Ma escludiamo d'altronde che si possa ammettere il concorso della violenza morale in tutti i casi" (S. 352).

1) A. a. O. S. 80 ff.

2) A. M. Oertmann S. 207: „ohne jeden Zweifel".

3) S. 106 Abs. 2. Vgl. auch Pergament, Sav. Ztschr. Bd. 16 S. 357.

4) Stände nicht schon der Konsumtionsgedanke entgegen? Die ursprüngliche Obligation ist durch L.C. und Urtheil aufgezehrt; vgl. Lenel (Exceptionen S. 132 Anm.), der übrigens auf S. 133—134 die Unverzichtbarkeit der exc. r. j. behauptet, „wiewohl es hier an ausdrücklichen Zeugnissen fehlt; denn das Interesse des Staats an der Autorität des Urtheils — erlaubt nicht, daß der Erfolg des Urtheils(?) — zum Gegenstande eines Privatgeschäfts, vielleicht gar eines Handels gemacht werde". — Das ist also (1876) bereits die Bülow'sche Lehre von der auctoritas r. j.

5) Pernice S. 149 Note 4 mit Hinweis auf Lenel S. 131.

6) S. 83 u. 85.

judiciren nach der C.P.O. **nicht** bestehe. Ebensowenig kennt unser heutiges Recht ein absolutes Verbot des Vergleichs über die Rechtskraft im soeben bezeichneten Sinne.

Ein Beispiel: Zwei Königsberger haben Jahre hindurch erbittert prozessirt, das rechtskräftige letzte Erkenntniß befriedigt beide nicht, sie vereinbaren (vielleicht läßt sich die günstiger gestellte Partei durch eine Leistung des Gegners dazu bewegen) eine neue Prozeßführung. Der ohne Einwendung des Beklagten vom Kläger angerufene Amtsrichter in Straßburg ahnt nichts vom früheren Rechtsstreite, die Parteien reden nicht davon, das straßburger Urtheil wird rechtskräftig. Die dadurch ungünstiger gestellte Partei erhebt die allein noch mögliche Restitutionsklage. Sie wird gemäß ausdrücklicher Gesetzesvorschrift[1] abgewiesen: daß straßburger Urtheil und nur dieses ist wirksam, die Rechtskraftwirkung des früheren Urtheils ist gebrochen, und zwar mittelbar durch den Parteiwillen.

Läßt sich dem gegenüber die **Bülow**'sche Lehre von der absoluten Ungiltigkeit selbst nur des reinen Rechtskraftverzichts für unser heutiges Recht vertheidigen?

Der Satz: „Kein Vergleich durch den sich die Parteien über die Rechtskraft des Urtheils hinwegsetzen könnten", wird von **Bülow** nur bezogen auf den Rechtskraftvergleich im engeren Sinne.[2] Für gegenwärtig unbedingt zulässig wird dagegen erklärt der Vergleich über die actio judicati.[3] Das römische Recht ließ denselben ursprünglich garnicht, später nur beschränkt zu. **Bülow** hat, einen Gedanken von **Puchta** verfolgend, ausgeführt, daß es sich nach dieser Richtung gehandelt habe um spezifisch altrömische Grundsätze für die Fälle der Litiscrescenz, davon habe sich später abgelöst das Verbot der transactio post rem judicatam. Die auctoritas rei judicatae sei erst danach von der „zur höchsten Meisterschaft emporsteigenden römischen Jurisprudenz" für die Lehre verwerthet worden.

Die gemeinrechtliche Doktrin ist zu festen Ergebnissen über die Frage der Zulässigkeit des Vergleichs p. r. j. bekanntlich nicht gelangt.[4] Die älteren Praktiker betrachteten das römische Verbot als moribus abgeschafft. In neuerer Zeit wird der bewußt contra rem judicatam ab-

---

1) C.P.O. § 580 Z. 7a.

2) **Bülow** S. 112.

3) Die Bezeichnung ist heute zu eng, man muß sagen: über die rechtskräftig erledigten Ansprüche; denn auch die Abweisung der Klage (der Kompensationseinrede) kommt in Betracht, die positive und negative Feststellung u. a.

4) Das Nähere bei **Oertmann** S. 198ff.

geschlossene Vergleich von der herrschenden Meinung für unzulässig, für unmöglich erklärt. Dernburg[1] hält einen solchen Vergleich für wirksam, denn der in Rom geofrderten förmlichen Aufhebung der Urtheilsschuld durch Acceptilation bedarf es heute nicht mehr. Ob der ohne Kenntniß eines bereits vorliegenden rechtskräftigen Urtheils über die Sache geschlossene Vergleich[2] giltig, oder, wenn nicht, anfechtbar oder nichtig sei, ist streitig; die Mehrzahl der Schriftsteller dürfte für die Giltigkeit sein. — Im Grunde ist aber doch der Streit nach dieser letzteren Richtung hin nur auf dem Gebiete der Irrthumslehre auszufechten.[3]

Wie steht unser neues bürgerliches Recht zur Streitfrage? Erledigt ist sie offenbar nicht: Cosack[4] lehrt mit aller Bestimmtheit, daß ein Vergleich auch über ein zwischen den Parteien rechtskräftig abgeurtheiltes Rechtsverhältniß schlechthin zulässig sei, „die entgegenstehende Regel des gemeinen Rechts ist aufgehoben". Mit gleicher Entschiedenheit vertritt Endemann,[5] Bülow folgend, die entgegengesetzte Meinung. Ich glaube, daß weder die eine, noch die andere Auffassung dem Gesetze gerecht wird. Ausdrücklich verboten ist der Vergleich über eine rechtskräftig entschiedene Sache im bürgerlichen Gesetzbuche freilich nicht. Daraus folgt aber gewiß noch nicht, daß ein solcher Vergleich überall zulässig, oder möglich wäre.

Das neue Gesetz hat uns mit einem Paragraphen über den Vergleich beschenkt. Es ist nur ein Paragraph und selbst dieser sollte nach dem Minoritätsantrage in der 2. Kommission fallen.[6] Auch mir ist die Nothwendigkeit dieser Gesetzesbestimmung nicht klar, wir hätten sie wohl ohne empfindlichen Nachtheil entbehren können.[7] Entscheidend für die Ablehnung jenes Antrages war nach den Protokollen der Wunsch, die Anfechtung des Vergleichs besonders geregelt zu sehen; die Wirkung des Irrthums beim Vergleichsabschlusse sollte unzweideutig festgestellt werden.[8]

---

1) Pand. § 109 Note 7.

2) Nur diesen Fall erwähnt der Code civ. Art. 2056.

3) So schon Risch, die Lehre vom Vergleiche 1855 S. 88 u. 22, erst Regelsberger Pand. I S. 623 und Bülow haben auf die auctoritas rei judicatae zur Begründung der Verwerflichkeit auch eines solchen Vergleichs verwerthet.

4) Lehrb. I S. 580.

5) Lehrb. I S. 870.

6) Protokolle (Ausg. Guttentag) Bd. II S. 521 ff.

7) „Das schweiz. Bd.Ges. hat nach dem Vorgange des zür. G.B. den Vergleich überhaupt nicht (als einen besonderen Vertrag) normirt." Motive (Ausg. Guttentag) Bd. II S. 650 Note 1.

8) Prot. Bd. II S. 524 ff.

Die Vorschrift (§ 779) lautet: „Ein Vertrag, durch den der Streit oder die Ungewißheit der Parteien über ein Rechtsverhältniß im Wege gegenseitigen Nachgebens beseitigt wird (Vergleich), ist unwirksam, wenn der nach dem Inhalte des Vertrages als feststehend zu Grunde gelegte Sachverhalt der Wirklichkeit nicht entspricht und der Streit oder die Ungewißheit bei Kenntniß der Sachlage nicht entstanden sein würde. — Der Ungewißheit über ein Rechtsverhältniß steht es gleich, wenn die Verwirklichung eines Anspruchs unsicher ist."

Zunächst die Definition. Sie deckt sich mit der gemeinrechtlichen. Ein Vertragstypus wird charakterisirt nicht nach seinem endlichen (wirthschaftlichen) Zwecke, sondern nach einer davorliegenden Station: Beseitigung von Streit und Ungewißheit. Und das Beseitigungsmittel wird genau bestimmt: „gegenseitiges Nachgeben". Hiernach ist klar, daß ein dieser Definition entsprechender Vergleich über eine rechtskräftig entschiedene Sache zulässig und rechtswirksam ist, sofern und soweit den Parteien in Bezug auf das ihnen bekannte Urtheil „etwas zweifelhaft gewesen" war.[1] In dem Sinne hat Cosack mit seinem obigen Ausspruch Recht. Doch eine Einschränkung ist nothwendig. Wenn nämlich die Parteien keinerlei Ungewißheit hegen über Inhalt und Bedeutung des Urtheils, so ist nach der gesetzlichen Begriffsbestimmung ein „Vergleich", weil unmöglich, ausgeschlossen. Das staatliche Urtheil giebt Rechtsgewißheit, die Parteien sind einig, daß eine solche vorliege, — wie könnte ein Vertrag zur Beseitigung einer (nicht vorhandenen) Ungewißheit, eines (eben erst erledigten) Streites in Frage kommen? Das ist selbstverständlich, hat aber doch praktisch eine gewisse Bedeutung. Denn unsere Verkehrssprache verbindet thatsächlich mit dem Worte „Vergleich" nicht den von der Wissenschaft bisher festgehaltenen, sondern einen weiteren Begriff, der keineswegs stets Ungewißheit oder Bestrittenheit der Forderung voraussetzt.[2] Daß ein solcher Gegensatz zwischen dem juristisch-technischen und dem verkehrsüblichen Wortsinne durch das Gesetz verewigt wird, ist zu bedauern. Umsomehr muß betont werden, daß nur ein Vergleich im Sinne des Gesetzes bei mangelnder Ungewißheit unmöglich wäre. Der § 779 ist eben strikt auszulegen.

Und läßt man sich von diesem Gedanken leiten, so gelangt man zu ganz befriedigendem Ergebnisse: jene so oft wiederholte Lehre von der Unmöglichkeit eines contra r. j. geschlossenen Vergleichs ist höchst un-

1) Das ist die bisher von Dernburg vertretene Auffassung.
2) Vgl. Fischer, „Recht u. Rechtsschutz" S. 41.

schädlich, mehr nicht als eine altüberlieferte theoretische Turnübung. Für das Leben erweist sich der Satz als völlig inhaltsleer. Denn allein der Wissenschaft oder auch dem schönsten Gesetzbuche zu Liebe schließen eben die Parteien keine Verträge, für sie entscheidet nur der wirthschaftliche Zweck.

„Von 1000 M., die ich einklagte, sind mir 500 zugesprochen; ich lasse mich zu einem Vergleich bestimmen — so, daß mir — die 1000 ganz zugebilligt werden, aber gegen abfindungsweise Leistung eines Pferdes." [1] Was stände wohl der Giltigkeit eines solchen Vertrages entgegen? Ja, wenn zur Erreichung des wirthschaftlichen Vertragszweckes (Empfang von 1000 gegen Leistung eines Pferdes, statt Empfang von 500; Empfang eines Pferdes gegen Leistung von 1000 statt Leistung von 500) die gefahrvolle Station der Streit- oder der Ungewißheitbeseitigung zuvor passirt werden müßte! — Aber ist denn das nöthig? Die Parteien sagen eben ehrlich: so gefällt das Urtheil uns beiden nicht, da ists uns lieber, bequemer, vortheilhafter auf die andere Art uns auseinanderzusetzen. Gegen eine gesetzliche Vorschrift wird hier doch nicht verstoßen, obgleich die Parteien höchst wahrscheinlich einen solchen Vertrag als „Vergleich" bezeichnen werden; aber der § 779 kommt nicht in Frage, denn Ungewißheit liegt nicht vor und ebensowenig Streit im Sinne des Gesetzes. [2]

Die Konstruktion eines solchen Vertragschlusses über eine rechtskräftig entschiedene Sache macht doch auch keine Schwierigkeit, da wir volle Vertragsfreiheit haben, soweit nicht besondere Gesetzesbestimmungen entgegenstehen. Man kann von Novation reden, oder da das B.G.B. diese Bezeichnung nicht kennt, ganz farblos von einem Umwandlungsvertrage; man kann Verzicht, Erlaß der obsiegenden Partei mit daran geknüpftem neuen Vertragschlusse konstruiren; es wird auch meist nichts im Wege stehen, die Zustimmung der verurtheilten Partei zum neuen Vertrage als Leistung an Erfüllungsstatt aufzufassen. [3] Die Sachlage wird im einzelnen Falle entscheiden, Zweifel an der Zulässigkeit und Rechtswirksamkeit eines solchen Vertrages scheinen mir ausgeschlossen.

---

1) Das Beispiel ist von Oertmann (S. 207) aufgestellt. Daselbst heißt es ein solcher Vertrag sei „natürlich unzulässig". Dem vermag ich nicht zu folgen. Freilich habe ich aus der Oertmann'schen Formulirung des Beispiels die Worte „unter Beseitigung des Judikats" fortgelassen, weil m. E. das Judikat nicht beseitigt wird, noch beseitigt zu werden braucht (vgl. unten S. 19 f.).

2) Das rechtskräftige Urtheil kann eben nicht mehr wirksam bestritten (d. h. im Prozeßwege angefochten, im Prozesse abgeleugnet) werden.

3) B.G.B. § 364; Abs. 2 daselbst kommt für einen Fall, wie der im Text besprochene nicht in Betracht.

Aber wo bleibt das Urtheil? — Nun es ist ergangen, es ist da, es kann natürlich nicht weggeschafft werden, es hat den Parteien „Rechte verliehen, Pflichten auferlegt", die Parteien haben ihrer Befugniß und ihrem Belieben gemäß auf die betr. Rechte verzichtet, die Pflichten erlassen, neue Rechte und Pflichten an die Stelle gesetzt u. s. w. Nach dieser Richtung hat das Urtheil trotz aller Rechtskraft keine Bedeutung mehr.

Diesem Ergebnisse stimmt ja auch Bülow für das gemeine Recht zu, indem er dem Vergleiche über die actio judicati volle Wirkung beimißt?

Doch nicht ganz. Denn er will ausscheiden den Fall, daß die Parteien, auf die Rechtskraft verzichtend, die abweichende Normirung der im Urtheil geregelten Angelegenheit selbst vornehmen.[1] Dies wird schärfer noch betont von Oertmann[2] und danach lehrt Endemann[3]: „die Parteien können — weder durch Fiktion eine Vergleichsbasis schaffen, noch da, wo kraft staatlicher Autorität eine Sicherheit zumal durch rechtskräftiges Urtheil vorliegt, diese willkürlich zu einer vergleichsfähigen Ungewißheit umwandeln". Selbst wenn dieser Satz schlechthin richtig wäre,[4] ich vermag nicht den realen Werth zu entdecken, der einer solchen theoretischen Schlußfolgerung beiwohnte. Die Parteien bedürfen eben des Vertragstypus „Vergleich" nicht, um ihren wirthschaftlichen Zweck zu erreichen. Sie sind nicht behindert durch die unter staatlicher Autorität festgestellte „Sicherheit", durch die weiter bestehende Rechtskraft des Urtheils. Das durch Urtheil deklarirte Rechtsverhältniß können sie eben durch ein anderes ersetzen, wofern sie einig sind. Sie müssen befugt sein, vom Urtheil abweichende Festsetzungen zu vereinbaren; denn in Frage kommen ja nur subjektive Parteirechte und Parteipflichten, an deren Ausübung oder Nichtausübung der Staat kein Interesse hat, falls nicht positive Normen das Gegentheil darthun. Auf die juristische Konstruktion: ob Vergleich über das ursprüngliche Rechtsverhältniß, ob Erlaß, Umwandlung u. s. w. des urtheilsmäßigen Anspruchs, — darauf kommt nichts an. Nach dem Satze dabis mihi factum, dabo tibi jus und

---

1) S. 80.

2) S. 207.

3) S. 870.

4) Das kann ich aber nicht zugeben, vgl. oben S. 15. Wenn in dem dort behandelten Beispiele die streitenden Königsberger vor dem straßburger Gerichte anstatt das Urtheil abzuwarten einen Vergleich geschlossen hätten, und aus diesem Vergleiche die Zwangsvollstreckung nach § 794[1] C.P.O. eingeleitet wäre, — stände der bedrängten Partei ein Rechtsmittel darüber zu? — Ich möchte verneinen auf Grund der „Verwandtschaft" und „Zweckgemeinschaft" von „Rechtsvergleich und Urtheil".

nach § 157 B.G.B. muß der Richter, dem ein wohlbedächtig contra r. j. abgeschlossener Vertrag vorgelegt wird, sich für Aufrechterhaltung der Parteivereinbarung aussprechen, auch wenn die betr. Urkunde ausdrücklich von einem „Vergleiche" redet. Und dasselbe gilt sogar dann, wenn etwa die Parteien übereinstimmend erklären, sie hätten, „einig über die Ungerechtigkeit des ergangenen Urtheils," ihr Rechtsverhältniß gutwillig ganz anders geordnet. Eine solche Parteiäußerung stärkt allerdings nicht die „auctoritas" der Urtheile, sie ist aber nicht verboten und kann vernünftiger Weise garnicht verboten werden. Nach den Grundsätzen der C.P.O. kann es rechtskräftige Versäumnißurtheile geben, die beiden Parteien (mindestens wenn ihnen juristische Schulung fehlt) höchst ungerecht erscheinen müssen.[1] Für billig und ehrlich denkende Parteien wird sich daraus sehr leicht der Anlaß zu einem Vertrage contra r. j. ergeben. Hätte der Staat Grund solchen Verträgen entgegenzutreten? Ich meine, er müßte sie vielmehr begünstigen.

Nach alledem komme ich, was den bewußt contra r. j. abgeschlossenen Vertrag anlangt, zu folgenden Ergebnissen:

1. Ist für die Parteien etwas am Urtheil zweifelhaft, so kann diese (subjektive) Ungewißheit durch Vergleich nach § 779 beseitigt werden.

2. Abgesehen hiervon ist ein „Vergleich" im Sinne dieses Paragraphen über ein rechtskräftiges Urtheil zwar begrifflich ausgeschlossen, ein solcher kann aber auch garnicht in Frage kommen, da jedes zu schützende wirthschaftliche Interesse am „Vergleich"-Abschlusse in anderer Form, bezw. auf Grund anderer Konstruktion wirksam durchgesetzt werden kann.

Der erste Satz spricht eher gegen die von Bülow vertheidigte „auctoritas rei judicatae", der zweite beweist mindestens nichts für eine solche. Mir will es scheinen, als sei die „absolute Rechtskraft" nicht etwa aus einer nachweisbaren „auctoritas r. j." erschlossen, sondern umgekehrt diese „auctoritas" zur Stütze der erstrebten „absoluten Rechtskraft" konstruirt werden. Aber die Konstruktion ist keine glückliche. Sie versagt für unser neues Recht soweit die sententia contra r. pr. j. lata in Betracht kommt, sie versagt in Anwendung auf den bewußt contra r. j. abgeschlossenen Vergleich.

Noch eine Position bliebe übrig: der ohne Kenntniß vom Urtheil abgeschlossene Vergleich über eine rechtskräftige Sache. Hierüber giebt der § 779 die Entscheidung, — sie lautet aber gegen Bülow's Lehre.

---

1) Ist nicht doch dieser Punkt übersehen worden von Bülow S. 82: „prozeßsüchtig und wagnißlustig oder vollständig unzurechnungsfähig", — und von Oertmann S. 211: „eine psychologische Unmöglichkeit" —?

Das muß schon deshalb schlechthin anerkannt werden, weil das Gesetz keineswegs etwa den Irrthum über das Vorliegen einer r. j. besonders hervorhebt. Vielmehr wird eine ganz allgemeine Regel, anwendbar auch auf Unkenntniß anderer Umstände, gegeben. Die von Bülow vertheidigte besondere auctoritas soll aber doch aus Gründen öffentlichen Rechts ausschließlich dem Urtheil zukommen.

Nach dem B.G.B. werden die verschiedensten Fälle eines wesentlichen Irrthums,[1] ohne daß die r. j. überhaupt ausdrücklich erwähnt wäre, durch den § 779 getroffen. Es handelt sich eben um eine besondere Regelung der Wirkung des Irrthums überhaupt beim Vergleichschlusse. Der Vergleich soll wegen Irrthums beim Abschlusse „unwirksam", d. h. „nichtig" sein, das aber nur unter zwei scharf begrenzten Voraussetzungen:

1. „wenn der nach dem Inhalte des Vortrags als feststehend zu Grunde gelegte Sachverhalt der Wirklichkeit nicht entspricht und

2. der Streit oder die Ungewißheit bei Kenntniß der Sachlage nicht entstanden sein würde." —

Der zweite Punkt interessirt hier nicht, denn in den Fällen des Irrthums über das Vorhandensein einer früheren res judicata wird man diese Voraussetzung stets, oder doch ganz regelmäßig, als bestehend annehmen müssen.

Umso bedeutsamer ist die Fassung der ersten Voraussetzung: der der Wirklichkeit nicht entsprechende Sachverhalt muß „nach dem Inhalte des Vertrags als feststehend zu Grunde gelegt" sein. Meist wird man wohl eine ausdrückliche hierauf abzielende Erklärung der Parteien fordern müssen, es ist aber nicht ausgeschlossen, daß nach der Lage des Falls auch bereits eine stillschweigende Erklärung genüge. Das Gewicht der, wie die Protokolle[2] lehren, sorgfältig erwogenen Formulirung ruht offenbar auf den Worten „als feststehend (positiv oder negativ) zu Grunde gelegt". Damit sind ausgeschieden nicht nur die Fälle, in denen unter den Parteien streitig oder ungewiß war, ob eine ältere res judicata vorliege,[3] sondern auch der Fall, daß die Parteien die Möglichkeit des Vor-

1) Cosack (S. 582) erläutert die Bestimmung an einer Schenkungsurkunde, die unleserlich geschrieben ist oder von den Parteien für die Urschrift gehalten wird, während nur eine Abschrift vorliegt. Oertmann, Kommentar (S. 506) bringt als Beispiel den Fall, daß dem vermeintlichen Erben des Schuldners vergleichweise für die Anerkennung der Schuld eine Zahlung geleistet wurde und nachher sich herausstellt, daß der Empfänger garnicht der Erbe war.

2) II 519—527.

3) Oertmann u. Cosack a. a. O. — Motive II S. 654, Protok. II S. 523, 526. Vgl. auch Planck Comm. zu § 779 (S. 525, 526).

handenseins eines früheren Urtheils überhaupt nicht in Betracht gezogen hatten. Woran man garnicht gedacht hat, das kann man (auch negativ) nicht dem Vertrage „als feststehend" zu Grunde gelegt haben, der geschlossene Vergleich wäre also vollwirksam.

Noch ein weiterer Umstand ist aber schon hiernach klar: das Gesetz legt Gewicht ausschließlich auf die subjektive Seite. Dies wird auch besonders betont in der den Paragraph einleitenden Definition: „der Streit oder die Ungewißheit der Parteien über ein Rechtsverhältniß" u. s. w. Wenn aber die Wirksamkeit des Vergleichs post rem judicatam sich nur bemißt nach der subjektiven Parteianschauung, nach dem Wissen der Parteien, dann fehlt eben der res judicata die objektiv wirkende Kraft, also diejenige auctoritas, die Bülow konstruirt um die absolute, jeden entgegenstehenden Vergleich hinfällig machende Rechtskraft des Urtheils darzuthun.

Bülow, der an diesem Punkte auf die Vorarbeiten für das B.G.B. nicht eingeht, behauptet,[1] durch die l. 1. D. de transact. 2. 15 werde „die Streitfrage, in welchem Sinne Rechtsungewißheit zum Vergleich erforderlich" sei, „entschieden": es müsse „subjektive und objektive Ungewißheit" vorliegen. Dem hat sich neuerdings schlechthin angeschlossen Endemann,[2] der aber noch über Bülow hinausgeht mit der Aufstellung, daß auch unter der Herrschaft des B.G.B. das doppelte Erforderniß subjektiver und objektiver Ungewißheit zu wirksamem Vergleichsschlusse nothwendig sei.

Worauf diese Lehre abzielt, ist klar: jeder Vergleich, der einem rechtskräftigen Urtheile zuwiderläuft, mögen die Parteien auch von der r. j. nichts geahnt haben, wäre schlechthin nichtig.

Das scheint mir doch nicht annehmbar zu sein.

Ulpian sagt zwar: qui transigit quasi de re dubia et lite incerta neque finita transigit. Daß aber das et hier den scharfen Gegensatz bezeichnen solle: subjektive und (hinzutretend) objektive Ungewißheit, will mir nicht einleuchten. Der Stelle wird weniger Zwang angethan, wenn man sie unbefangen nur versteht von subjektiver Ungewißheit; als Beispiele einer solchen wären dann neben einander gestellt die res dubia und die lis incerta neque finita. — Doch das nur nebenbei. Heute kommt ja für die Lösung der Frage nicht mehr Ulpians Ausspruch in Betracht, sondern der erwähnte § 779 unseres neuen Gesetzes.

Nun sagt Endemann selbst: „Nach § 779 muß eine Ungewißheit

---

1) S. 83.
2) S. 870.

„der Parteien“ vorliegen. Das trifft mit der herrschenden Lehre des gemeinen Rechts zusammen, wonach eine subjektive, nicht eine objektive Ungewißheit verlangt wird.“ Trotzdem heißt es wenige Zeilen später: „die einseitige Betonung einer bloß subjektiven Ungewißheit sei „nicht für zulänglich“ zu halten.[1] Was dann zur Lösung dieses auffälligen Widerspruchs angeführt wird, dürfte nicht zutreffen. Endemann bemerkt zunächst, die Betonung nur der subjektiven Ungewißheit stehe entgegen dem von der herrschenden Meinung, Dernburg ausgenommen, vertheidigten Satze, „daß ein rechtskräftiges Urtheil durch Vergleich[2] nicht beseitigt werden kann.“ — Das könnte doch heute nicht durchschlagen, weil ja die „herrschende Meinung“ nur das gemeine Recht berücksichtigte. Aber Endemann fügt noch hinzu: „dies (d. h. die Nothwendigkeit einer Mitberücksichtigung der objektiven Ungewißheit) entspricht auch dem B.G.B.“ Der Ausspruch wird wie folgt begründet: in der ersten Lesung sei dem Urtheile lediglich dispositive Kraft zugesprochen gewesen. In Folge von Bülow's Angriff sei diese Bestimmung gefallen. „Danach hat das Urtheil absolute Rechtskraft, wie das dem Zwecke des Urtheils als finis controversae und der Autorität des rechtskräftigen Richterspruches entspricht und gegen die Ueberschätzung der Macht des Privatwillens Front macht.“ Wenn die Protokolle trotzdem auf S. 8391 erwähnten, daß die Rechtskraft eines Urtheils nicht von Amts wegen, sondern nur auf Parteiantrag zu beachten sei, so könne das nicht entscheiden „weil die Partei, wenn die absolute Rechtskraft anerkannt wird, sich in jeder Instanz und auch gegen einen Vergleich auf das Urtheil berufen darf.“

Dem wäre entgegen zu halten: wenn nach dem Erscheinen von Bülow's Abhandlung die darin angefochtene Bestimmung des § 191 [2] in der zweiten Lesung gestrichen wurde, so folgt doch aus solcher Streichung noch nicht die Uebernahme der Bülow'schen Lehre von der „absoluten Rechtskraft“ in das neue Gesetzbuch![2] Der Wegfall jener Bestimmung

---

1) Gegen Endemann: Oertmann Komm. S. 505[3], vgl. auch Matthiaß Lehrb. I S. 578.

2) Die Meinungsverschiedenheiten in der Kommission selbst ergeben sich anschaulich aus den Protok. I S. 255—257. Abs. 2 des ursprünglichen § 191 (vgl. oben S. 3) wurde bei Revision der 2. Lesung gestrichen (Prot. VI S. 142, 143 XI). In der „Denkschrift“ (Guttentag 1896) findet sich dann noch der Abs. 1 des § 191 als zur Aufnahme in die C.P.O. vorgeschlagen (Anlage II § 293a S. 321). In der Reichstagsvorlage für die Civilprozeßnovelle v. 9. Dezember 1897 fehlt schließlich auch der Abs. 1 des § 191 a. a. O. (bezw. der § 293a, (Materialien zu den Reichs-Justizgesetznovellen 1897—1898), Heymann 1898 Bd. I S. 26ff.). Zieht man danach die Summe, so ergiebt sich mehr nicht als dieses: Die Kommissionen zur Berathung

ließ zunächst nur die Frage offen, ob von Amts wegen oder allein auf Antrag die Rechtskraft eines Urtheils zu berücksichtigen sei. Diese Frage ist auch im B.G.B. unbeantwortet geblieben. Wohl aber glaube ich auf den vorhergehenden Seiten dargethan zu haben, daß unser heutiges Recht diejenigen Grundsätze, aus denen Bülow die „absolute Rechtskraft“ herleiten will, nicht kennt, zum Theil sogar ausdrücklich verwirft.

Für jene offen gelassene Frage ist eben die Antwort anderen Grundsätzen zu entnehmen. —

Und damit kann ich von der bisher kritischen, in der Hauptsache negirenden Untersuchung nunmehr übergehen zu positiver Konstruktion.

4.

Ich habe bereits am Eingang gesagt, daß, trotz der unzutreffenden Begründung, Bülow's Lehre von der „absoluten Rechtskraft“ in ihrem wichtigsten praktischen Ergebnisse zu billigen sei. Auch ich bin überzeugt, daß unser Prozeßrichter eine vorliegende res judicata von Amts wegen zu berücksichtigten und durchzusetzen habe.

Neu ist der Gedanke gerade nicht, auf dem diese Ueberzeugung ruht. Vor mehr als zwei Jahrtausenden schon legte Platon dem Sokrates die Frage in den Mund, ob denn ein Staat bestehen könne, in dem gerichtliche Entscheidungen von Privaten ungiltig gemacht werden dürften? Pernice, der auf diese Stelle im Kriton hinweist,[1] hat auch hervorgehoben, daß in der römischen „Ueberlieferung ein Bewußtsein von der staatsrechtlichen Herkunft und Bedeutung des Satzes“ sich finde.[2] Dennoch gefiel es den römischen Juristen, für den Civilprozeß jenen staatsrechtlichen Gedanken zur Geltung zu bringen nur durch den Satz bis de eadem re ne sit actio. Das privatrechtliche Klagerecht durfte nur einmal geübt werden und war damit aufgezehrt. Und die Gegenpartei hatte sich darauf zu berufen mit der exceptio r. i. j. d. später mit der exceptio r. j. Ueber diese negative Wirkung beider Exceptionen ist man einig. Seit Keller[3] spricht man aber auch von einer positiven Wirkung der Rechtskrafteinrede: nicht nur die „zer-

des B.G.B. haben die Aufnahme allgemeiner Bestimmungen über das Wesen der Rechtskraft in das B.G.B. bezw. in die Civilprozeßnovelle geplant, das ist aber schließlich nicht zur Ausführung gekommen. Also ein rein negatives Ergebniß, das keinerlei positive Schlußfolgerungen rechtfertigt.

1) S. 147 Note 2.

2) Schon 1884, Sav.Ztschr. Bd. V, Parerga II S. 39.

3) L.C. u. U. S. 223.

störende Wirkung des Urtheils, die Consumtion", sondern auch „der positive Inhalt" desselben könne geltend gemacht werden. Für das römische Recht ist diese Erweiterung der exc. r. j. neuerdings bestritten worden.[1] Für unser heutiges Recht hat die Wissenschaft die „positive Funktion des rechtskräftigen Urtheils" durchgesetzt: der Urtheilsinhalt selbst wird von der Partei geltend gemacht, positiv: zur Vertheidigung oder zum Angriff, die negative Funktion dagegen ist hinweggefallen. Das ist zweifellos, wenn diese technischen Ausdrücke in Keller's Sinn, im Sinne der römischen Prozeßlehre verstanden werden.

Aber seit der Römerzeit hat sich der Begriff des Civilurtheils gründlich gewandelt. Im Anschluß wohl an germanische Anschauungen tritt jetzt die staatsrechtliche Natur auch des Civilurtheils immer schärfer hervor. Die Urtheitsfällung ist staatlicher Akt, vollzogen von der richterlichen Obrigkeit. Das Urtheil ist staatlicher rechtsfeststellender Ausspruch, der den Parteien autoritativ Gewißheit giebt über ihre in Streit befangenen subjektiven Rechte.

Zwar das staatliche Gericht kann bei der Rechtsfeststellung fehlgreifen. Das ist hinzunehmen als nothwendiges Uebel, wenn das hohe Gut der Rechtssicherheit erhalten werden soll. War dies schon den römischen Juristen klar, trotz ihrer Hinneigung zur privatrechtlichen Konstruktion des Prozeßes, — bei unserer heutigen Auffassung des Civilurtheils als eines staatlichen Akts kann vollends darüber kein Zweifel sein. Das rechtskräftige Urtheil ist demnach endgiltige Rechtsfeststellung.

Andererseits hat der Staat ein unmittelbares Interesse am Ausfall des Urtheils zu Gunsten des Klägers oder des Beklagten nicht. Er hat nicht einmal daran ein Interesse, daß das von seinen Organen der einen Partei zugesprochene Recht thatsächlich verwirklicht werde. Darum leiht er zwar im Zwangsvollstreckungsverfahren dem Prozeßsieger seinen Arm; aber nur falls und soweit der Sieger darum nachsucht: derselbe kann ja ganz oder theilweise auf die Geltendmachung seines Rechts verzichten. — Diese Erwägung und die Neigung unserer Prozeßwissenschaft, Anlehnung an die klassische Jurisprudenz Roms zu nehmen, haben der römischen Lehre von dem allein zulässigen Parteieinwande der r. j. bis heute das Leben gefristet.

Erst neuerdings zeigt sich eine Wandlung,[2] die zuletzt erfolgreich

1) Bekker Die proz. Konsumtion, 1853, und dazu Dernburg Pand. § 162 Note 4.

2) Ich weise hier nur hin auf Lenel (s. oben S. 14 Note 4), auf Kohler prozr. Forsch. 1889: Gemischte Einreden S. 88 ff. — vgl. auch oben S. 3 Note 4 und (Bülow folgend) die ebd. Note 2 Genannten. Andererseits hat sich mit besonderer Entschieden-

unterstützt worden ist durch Bülow's entschiedenes Eintreten gegen Savigny's Theorie von der „exceptio rei judicatae". — Ich meine, daß die neue Lehre von der „Unverzichtbarkeit" der Rechtskrafteinrede sich durchsetzen muß; und zwar deshalb, weil nur sie, nicht die römische Konstruktion, mit der heutigen Auffassung von Gericht und Urtheil vereinbar ist. Die bisher herrschende Lehre hat diesen Punkt nicht genügend beachtet, ist über ihn hinweggeglitten. Das beweisen selbst Savigny's berühmte Ausführungen, die — freilich dadurch mit sich selbst in Widerspruch gerathend — doch den Kern des ganzen Problems richtig hervorheben. [1]

Gewiß, am Inhalte des einzelnen Urtheils hat der Staat nur ein geringes, mittelbares Interesse. Ein erhebliches, unmittelbares Interesse aber hat er daran, daß nicht, trotz der von seinem Organ, dem Richter, gefällten Entscheidung, der Parteistreit beliebig erneuert werde. Der Staat wird erheblich in Mitleidenschaft gezogen wenn seine Gerichtsurtheile nicht streitbeendend wirken, nicht den sichereren Zustand der Unstreitigkeit herbeiführen; er ist unmittelbar daran interessirt, daß nicht die staatlichen Rechtspflegeeinrichtungen frivolem Parteibelieben, müßiger Zanksucht zum Spielball werden. — Weiter aber reicht auch das öffentliche Interesse an der Frage nicht. Zwar der geordnete Staat erstrebt möglichst gerechte Justiz, gestattet deshalb ausgiebige Prüfung und Ueberprüfung der Urtheile im Instanzenzuge. Ist aber der Instanzenzug durchmessen oder versäumt, dann hat nach heutiger Auffassung der Staat das Seinige zur Rechtsgewährung gethan, und nun kann und muß er in aller Schroffheit sein Interesse, das öffentliche Interesse zur Geltung bringen. Hierzu wiederum bedarf es der Anerkennung nur eines einzigen Grundsatzes, lautend, wie folgt:

> „es (ist) ein Prinzip unserer Staatsordnung —, daß ein und dieselbe Sache nur einmal entschieden werden soll".

---

heit gegen die Zulässigkeit amtlicher Berücksichtigung der res judicata ausgesprochen: Ernst Demelius „Zur Lehre v. der Rechtskr. des Civilurth." Wien 1892 S. 24 ff.

1) Im Syst. VI S. 270, 271 findet sich für die Rechtskraft folgende Formel: „Dem Inhalt eines gesprochenen Urtheils soll kein späteres Urtheil widersprechen." Savigny weist darauf hin, daß diese Formel, wie die älteren blos verneinend erscheine, und fährt dann fort: „da indessen kein Richter die Entscheidung eines ihm vorgelegten Rechtsstreits verweigern darf, so löst sich jene Formel sogleich in diese andere auf: Wenn in einem gegenwärtigen Rechtsstreit eine Frage vorkommt, worüber schon in einem früheren Rechtsstreit ein Urtheil gesprochen worden ist, so muß der Richter den Inhalt jenes Urtheils — seinem eigenen Urtheil zum Grunde legen." — Der Richter „soll", „muß" — das aber nur falls die Einrede von der Partei vorgebracht wird (S. 270, 272).

Diese scharfe, unzweideutige Formulirung stammt von Kohler.[1] Erkennt aber unser heutiges Recht diesen Satz an?

Unser Prozeßgesetz giebt darauf keine Antwort; es bietet uns statt des Brodes einen Stein, statt eines Grundsatzes ein Wort: „Rechtskraft", das noch dazu offenbar verschiedener Bedeutung fähig sein soll.[2] Dessenungeachtet steht die Sache doch wohl so, daß die Geltung des Satzes bei uns des Beweises nicht bedarf. Es handelt sich um etwas selbstverständliches!

Wir finden den Gedanken klar ausgesprochen bei Platon,[3] weniger bestimmt, aber doch erkennbar in den Digesten.[4] Im Schwabenspiegel heißt es:[5] „swaz vor einem verurteilet ist, daz sol vor dem andern stäte sin." Justus Möser[6] lehrt in seiner originellen Weise: „es ist ein Nothrecht für die menschliche Ruhe, nach welchem nun einmal dasjenige — förmliches Recht sein soll, was — dafür erklärt oder ausgesprochen worden." Andernfalls „würde — die größte Verwirrung entstehen". — „Alle Nationen haben dieses erkannt, die eher an Prozeßordnungen als an Gesetzbücher gedacht haben. Jene zeigen den Weg zum „förmlichen Rechte." Savigny's Ausspruch ist soeben wiedergegeben worden. Endlich folgt obiger Satz auch im Rückschlusse aus den gesetzlichen Vorschriften über den Instanzenzug. Insbesondere hat Bülow treffend darauf hingewiesen, daß die Rechtsmittelfristen auch heute Nothfristen sind, derart, daß das „Heranwachsen der Sachentscheidung zur unumstößlichen Rechtsgeltung — vom Moment der Urtheilszustellung ipso jure, ohne den Willen der siegreichen Partei, und selbst wenn sie das Gegentheil will, vor sich" geht.[7] Und sind nicht beweisend bereits die eng

1) Vgl. den oben S. 15 Note 2 angeführten Aufsatz S. 97, ebd. S. 90 heißt es zutreffend „daß der Staat nur einmal mit der Sache befaßt werden soll". — Kohler behandelt das mit Recht als selbstverständlich, zumal er nach dem Gegenstande der Abhandlung dort nicht ex professo das Wesen der „Rechtskraft" erschöpfend zu erörtern hatte.

2) C.P.O. § 322 vgl. mit E.G. § 19, C.P.O. § 705 — „formelle" u. „materielle Rechtskraft".

3) S. oben S. 14 zu Note 1.

4) Paulus im ersten Theile der l. 6 Dig. d. exc. r. jud. 44, 2.

5) Kap. 92 (Wackernagel) S. 91.

6) Patr. Phant. IV. „Von dem wichtigen Unterschiede des wirklichen und förmlichen Rechts", Ausg. v. 1871 S. 69 u. 71.

7) Im Abschnitt über „die Rechtskraftbestimmungen des Civilprozeßrechts" a. a. O. S. 149. — Anschaulicher nicht nur, sondern auch korrekter ließ das gemeine Recht die Rechtsmittelnothfrist unabhängig von der Parteiaktion mit der Urtheilsverkündigung beginnen. M. E. war es nicht nothwendige Konsequenz des „Parteibetriebs", daß die C.P.O. auch an diesem Punkte vom gemeinen Rechte abwich. Nach der österreichischen P.O. §§ 464, 414, 416, beginnt der Lauf der 14 tägigen Berufungsfrist wieder mit der von amtswegen vorzunehmenden Zustellung der schriftlichen Urtheilsausfertigung, in Bagatellsachen ev. mit der Verkündung des Urtheils an die Parteien

begrenzten reichsgesetzlichen Bestimmungen über eine „Wiederaufnahme des Verfahrens"? Welchen Sinn endlich hätten die Bestimmungen der C.P.O. über das Versäumnißverfahren, wenn nach rechtskräftigem Versäumnißurtheil dasselbe Gericht oder ein anderes bei übereinstimmendem Antrage der Parteien gezwungen wäre, über das Versäumnißurtheil hinweg neue Verhandlung zur Sache zuzulassen und ein neues Urtheil zu fällen?

Hiernach ist statt der oben gestellten Frage nach der Geltung jenes Kohler'schen Satzes vielmehr die umgekehrte Frage am Platze: wie ist es gekommen, daß unsere moderne Prozeßwissenschaft nicht die öffentlichrechtliche Natur des Verbots einer abermaligen Aburtheilung rechtskräftig entschiedener Sachen schlechthin in den Vordergrund gestellt hat? — Ich finde darauf nur wieder die eine Erklärung, daß man eben durch die römische, an der „exceptio r. j." ausgebildete Rechtskraftlehre sich gefangen nehmen ließ.

Pernice hat in seiner wiederholt von mir verwertheten Untersuchung den Nachweis erbracht, daß die klassische römische Jurisprudenz, im Hinblick zugleich auf die römische Gerichtsverfassung, bei der privatrechtlichen Konstruktion verharrte, obgleich sie das eingreifende Moment öffentlichen Rechts keineswegs ganz übersah. Damit ist unsere Befugniß „über das römische Recht hinaus" zu gehen dargethan. Wir haben das Problem der Rechtskraft heute nach unseren heutigen Anschauungen vom Gerichtswesen zu lösen. Für uns ist der Civilprozeß eine Einrichtung öffentlichen Rechts, unsere Gerichte sind (was die römischen Geschworenen nicht waren) Obrigkeiten, denen auch die Wahrung öffenlichrechtlicher Normen obliegt. Sie haben von Amts wegen die gesetzlichen Vorschriften über Parteifähigkeit, Prozeßfähigkeit, ordnungsmäßige Vertretung zu beobachten,[1] sie würden pflichtwidrig handeln, wenn sie, trotz des entgegenstehenden staatsrechtlichen Verbots, bewußt nochmals über eine bereits rechtskräftige entschiedene Sache aburtheilten.

So komme ich praktisch zu demselben Ergebnisse, dem Bülow's Lehre von der „absoluten Rechtskraft" zustrebt: die exceptio rei judicatae ist nach heutigem Rechte unverzichtbar, sie ist es nach meinem Dafürhalten deshalb, weil ihr ein staatsrechtliches Verbot zu Grunde liegt.

Damit ist aber nicht etwa nur eine zweite mögliche Konstruktion für die „absolute Rechtskraft" im soeben bezeichneten Sinne gewonnen. Ich glaube weiter gehen und sagen zu dürfen, daß nur die hier vertheidigte Konstruktion das Ergebniß rechtfertigt. Denn jenes staatsrecht-

1) Die „unverzichtbaren Einreden" des § 274 C.P.O.

liche Verbot bildet eben den alleinigen Kern dessen, was wir „Rechtskraft nennen, in diesem Verbot ist das Wesen der Rechtskraft erschöpft.

„Rechtskraft des Urtheils“ ist nicht etwa eine positive, unmittelbar dem Richterspruche innewohnende Eigenschaft, — sie ergiebt sich nur mittelbar als Wirkung jenes Verbots abermaliger Aburtheilung. Und weil es sich so verhält, deshalb ist eben die „auctoritas rei judicatae“ für den Aufbau der Rechtskraftlehre ein schwankender Boden. Das lehren auch die von dieser „auctoritas“ handelnden Aussprüche der römischen Juristen: die feste Begrenzung fehlt überall. Bülow's Ausführungen zu Gunsten der „absoluten Rechtskraft“ werden hauptsächlich deshalb anfechtbar, weil sie fußen, nicht etwa auf dem prinzipalen, nur negirenden Satze, sondern auf einer positiven Wirkung desselben. Das zeigt sich klar, so weit die Unzulässigkeit der transactio p. r. j. als Ausfluß der auctoritas r. j. dargestellt wird. Die Zwiespältigkeit der Quellenaussprüche über diesen Punkt, der schier tausendjährige Streit darüber im gemeinen Rechte erklären sich aus der unscharfen Betrachtungsweise.

Geht man von dem Verbote nur der abermaligen richterlichen Entscheidung über dieselbe Frage aus, so ergiebt sich die Lösung von selbst: ein Vergleich über die durch rechtskräftiges Urtheil deklarirten Parteirechte wird durch das Verbot garnicht getroffen, bleibt den Parteien schlechthin offen, — soweit nicht Gründe in Frage kommen, die außerhalb der Rechtskraftwirkungen liegen. Ein solcher selbständiger Grund ist für uns durch die Begriffsbestimmung des „Vergleichs“ im B.G.B. gegeben; sie schließt den „Vergleich“ über die res judicata aus. Das ist aber nur eine Folge jener Begriffsbestimmung, nicht etwa Ausfluß einer „auctoritas r. j.;“ denn diese „auctoritas“ hindert die Parteien nicht, durch einen anderen Vertrag dem Urtheil jede praktische Bedeutung zu nehmen. Römische und gemeinrechtliche Wissenschaft verfuhren durchaus richtig, wenn sie die Kontroverse über die transactio p. r. j. nicht sowohl mit der Rechtskraft, als mit dem Wesen des „Vergleichs“ zusammenbrachten.

Und umgekehrt: Der Bülow'sche, die Herbeiführung einer abermaligen richterlichen Entscheidung bezweckende „Verzicht auf die Rechtskraft“ ist „eine garnicht aufzuwerfende Frage,“ denn er liefe ja schnurstraks zuwider dem unzweideutigen Verbote öffentlichen Rechts.

Sehen wir weiter zu. Man sagt, das rechtskräftige Urtheil gebe dem anerkannten Anspruche die wichtige Eigenschaft der Liquidität, das Urtheil enthalte eine authentische Deklaration. Gewiß, unsere Gerichte sind nicht juristische Expertenstellen, sie geben keineswegs Gutachten ab. Allein eine authentische Deklaration, ein liquider Anspruch ist durch das Gerichtsurtheil erst mit dem Zeitpunkt gegeben, in dem der

Staat durch jenen Satz erklärt, ein weiteres Urtheil über die bisher zwischen den Parteien streitigen Rechte sei ausgeschlossen. Eine andere Folge des staatlichen Verbots ist die Vollstreckbarkeit des Urtheils. Der Obersatz lautet: unbestreitbare Ansprüche dürfen, ebenso wie unbestrittene, im Falle der Erfüllungsweigerung des Verpflichteten unter Anrufung staatlichen Zwanges durchgesetzt werden.[1] Darauf beruht die Sicherheit der Parteirechte.

Es giebt keine Rechtskraftwirkung unseres heutigen Rechts, die nicht ausreichend aus jenem Verbotsatze zu erklären wäre. Und umgekehrt: wenn eine nicht aus diesem Satze erklärbare Rechtskraftwirkung nachgewiesen werden soll, dann muß dafür ein anderer positiver Satz beschafft werden, — dann aber handelt es sich auch garnicht um eine Rechtskraftwirkung im richtigen Wortsinne.

Es ist doch wohl bezeichnend, daß bei Berathung des B.G.B. man das Wesen der „Rechtskraft" schließlich auch nicht anders als in negativer Wendung zusammenzufassen vermocht hat: „Das rechtskräftige Urtheil hat die Wirkung, daß das Zuerkannte nicht mehr bestritten, das Aberkannte nicht mehr geltend gemacht werden kann." Gemeint ist gerichtliches Bestreiten, gerichtliche Geltendmachung. — Wie wird aber dieses Nichtkönnen zur Wahrheit? Einzig und allein wenn von Amts wegen zur Durchführung gebracht wird das „Prinzip unserer Staatsordnung, daß ein und dieselbe Sache nur einmal entschieden werden soll." Alles was über diese Negative hinaus als positive Wirkung des rechtskräftigen Urtheils hingestellt wird, ist nur eine Folgewirkung jenes staatsrechtlichen Verbots.

Die Betonung der im Kern nur negativen Wirkung der Rechtskraft[2] hat Bedeutung auch für die Grenzscheidung zwischen öffentlichem und Privatrechte in den einschlägigen Beziehungen. Ich gebrauchte oben[3] die Wendung, daß die der Partei durch Urtheil rechtskräftig auferlegten Verpflichtungen für sie nur bindend seien, soweit der Gegner sie geltend mache. Das klingt fast wie ein Rückfall in die Lehre von der allein zulässigen „exceptio r. j." Doch gemeint ist nur dieses: ob mir subjektives Recht, Privatrechte durch Parteivereinbarung oder durch rechts-

1) C.P.O. §§ 704, 794.

2) Bülow macht (S. 58, 59) „der Theorie unseres Jahrhunderts" zum Vorwurfe, daß „die unmittelbare positive Manifestation der materiellen Rechtskraft — entweder geleugnet oder, häufiger verschwiegen" werde. Ich halte dafür, daß Bülow durch zu entschiedenes Hervorheben der „positiven" (d. h. Folge-) Wirkungen der Rechtskraft die Festigkeit seiner eigenen Darstellung beeinträchtigt hat.

3) S. 6.

kräftiges Urtheil ertheilt, zuerkannt sind, das ist grundsätzlich für den Umfang meiner Verfügungsmacht über diese Rechte gleichgiltig; ich kann auf meine Privatrechte verzichten, ich kann sie mindern, durch Vereinbarung mehren u. s. w. Nur die eine Schranke ist durch die Verbotbestimmung öffentlichen Rechts gezogen: über meine urtheilsmäßigen Rechte kann ich nicht abermals gerichtlich streiten, weil das Gericht, dem Verbote entsprechend, die abermalige Urtheilsfällung ablehnen würde. Darüber hinaus hat aber das rechtskräftige Urtheil keinerlei auctoritas. Und die auctoritas die ihm beigelegt wird, ist überhaupt nur eine erborgte, sie fließt ab aus der Autorität des staatlichen Verbots; deshalb fällt sie auch fort, wenn dieses Verbot im gegebenen Falle nicht durchgeführt wurde.[1] Zuverlässig operiren läßt sich mit der „auctoritas rei judicatae" als Ausgangspunkt heute so wenig, wie bei den Römern. Die Wendung mag zur Veranschaulichung dienen, es handelt sich im Grunde auch nur um eine „Denkfigur".

Im Uebrigen zielen meine Ausführungen nicht unmittelbar ab auf Beseitigung der hergebrachten technischen Bezeichnungen, deren unsere Wissenschaft sich beim Vortrage der Rechtskraftlehre bedient. Das Verständniß dieser Bezeichnungen kann aber doch vielleicht vertieft, gefördert werden durch Zurückführung der ganzen Lehre auf ihren einfachen Grundgedanken.

Man spricht von negativer und positiver Funktion der Rechtskrafteinrede, von materieller und formeller Rechtskraft.

Keller's eingebürgerte Unterscheidung hat nur das römische Recht im Auge und bezeichnet den behaupteten Fortschritt von der strengen Konsumtionslehre (eadem actio) zur Zulassung der Berufung auf den Urtheilsinhalt (eadem quaestio). In diesem Sinne kann für das heutige Recht gewiß nur die positive Funktion als bestehend anerkannt werden.[2] Im Sinne der vorstehenden Untersuchung haben die Ausdrücke „positiv" und „negativ", auf das heutige Recht angewandt, andere Bedeutung: in Folge des bestehenden negativen staatsrechtlichen Satzes vermag das rechtskräftige Urtheil positive Wirkungen zu äußern.

Formelle und materielle Rechtskraft andererseits pflegen dahin unterschieden zu werden: die erstere schließe den anhängigen Prozeß endgiltig, die andere bezeichne die Eigenschaft des Urtheils, wonach sein Inhalt unter den Parteien Recht sei.[3] Ich möchte nach obigem betonen, daß

1) Oben S. 15 und unten S. 34.

2) Dernburg Pand. I § 162.

3) Dernburg ebd. § 161. — Anders Wach, Vortr. 2. Aufl. S. 133: „Die materielle Rechtskraft ist die Unabänderlichkeit des Dekrets für den dekretirenden

die formelle Rechtskraft unmittelbar das grundlegende staatsrechtliche Verbot zur Geltung bringt; daß — in Anlehnung an die C.P.O. § 705 und das E.G. § 19 gesprochen — durch Eintritt der formellen Rechtskraft der Zeitpunkt bestimmt wird, von welchem ab dieses staatsrechtliche Verbot für den einzelnen Fall wirksam wird. Die materielle Rechtskraft würde dann nicht sowohl gewisse dem Urtheile als solchem innewohnende Eigenschaften bezeichnen, als vielmehr die positiven Wirkungen umfassen, die mittelbar, in Folge des prinzipalen Verbotes — dem Urtheile nunmehr zuwachsen.

Stelle ich die Grundsätze des klassischen römischen und des heutigen Rechts über die erörterten Fragen einander gegenüber, so ergiebt sich mir folgendes Bild:

Rechtskraft war in Rom, wie sie es heute bei uns ist, eine Einrichtung öffentlichen Rechts, ihrem Wesen nach in erster Reihe negativ wirkend.

Die öffentlich-rechtliche Seite, obwohl den klassischen Juristen Roms nicht fremd, wurde von ihnen verdunkelt in Folge ihres Bestrebens, dem Civilprozesse die privatrechtliche Konstruktion zu erhalten. Das hing wieder zusammen mit der dem judex mangelnden obrigkeitlichen Stellung. So bleibt es bei dem bis de eadem re ne sit actio. Die Konsumtionslehre führt den negativen Gedanken der Rechtskraft durch, indem sie die

---

und jeden anderen Richter", ebenso S. 99, 100. Dazu S. 100: „Scharf zu scheiden von dieser materiellen ist die sogenannte formelle Rechtskraft, die in der bindenden Kraft für den gegenwärtigen Prozeß liegt, in der Unabänderlichkeit für den dekretirenden und den höheren Richter." — Verstehe ich recht, so soll hiermit ausschließlich nach der prozessualen Seite hin der Gegensatz gekennzeichnet werden. Von diesem Standpunkte aus ist aber die Bezeichnung „materielle" Rechtskraft nicht wohl verwerthbar. Materielle Wirkungen auf das Rechtsverhältniß treten erst als Folge der Unabänderlichkeit der Entscheidung ein; die Unabänderlichkeit selbst (ob nur für den ersten und höheren, oder auch für jeden anderen Richter) ist doch immer nur ein formelles Moment. Bestreiten muß ich jedenfalls, daß im § 322 (293) der C.P.O. die Wach'sche „materielle Rechtskraft" gemeint sei (vgl. unten 6a). Auf S. 135 sagt ferner Wach, von der „materiellen Rechtskraft" in seinem Sinne redend: „Der Staat kann unmöglich eine stets erneute Wiederaufnahme des Prozesses gestatten. Es muß für Richterpflicht und Defensionspflicht eine Grenze geben. Ne bis in idem." Für Richterpflicht! Ist nun damit die Berücksichtigung der r. j. von Amts wegen anerkannt? Ich hoffe; aber unumwunden spricht Wach, soviel ich sehe, das nicht aus. — Klöppel, Einr. der Rechtskr. 1822, sagt (S. 7) „Die Rechtskraft als Unanfechtbarkeit ist diejenige Eigenschaft des Endurtheils (?), von welcher jede dauernde Wirkung desselben abhängt; die Vollstreckbarkeit und die Einrede (?) der Rechtskraft sind Wirkungen der Rechtskraft" —. Der Satz erinnert im Eingange an die Wach'sche Definition, giebt aber doch keine scharfe Scheidung und übersieht jedenfalls ganz die öffentlich-rechtliche Seite des Rechtskraftgedankens.

Erneuerung des einmal eingeleiteten, bezw. entschiedenen Rechtsstreits privatrechtlich unmöglich macht.[1]

Wir heute sind uns der öffentlich-rechtlichen Natur der Rechtskrafteinrichtung voll bewußt. Wir haben ein mit obrigkeitlicher Gewalt, und zwar von Jahrhundert zu Jahrhundert in steigendem Maße ausgerüstetes staatliches Richterthum. Wir führen deshalb den negativen Gedanken der Rechtskraft durch, indem wir, mit bindender Kraft für unsere Gerichte, die abermalige Aburtheilung einer bereits entschiedenen Frage für staatsrechtlich unzulässig erklären: bis de eadem quaestione ne judicetur.[2]

5.

Das zuletzt Gesagte bedarf noch einer Einschränkung. Was privatrechtlich unmöglich ist, kann thatsächlich doch stattfinden und gleiches gilt von dem staatsrechtlich unzulässigen.

In Rom, wo zunächst nur das Parteirecht auf die exceptio r. j. anerkannt wurde, war prinzipiell (bei Nichtgeltendmachung dieses Parteirechts) ein zweites Urtheil offenbar nicht ausgeschlossen. Ein Ausspruch aus der klassischen Zeit darüber, welches Urtheil in solchem Falle gelte, ist nicht vorhanden. Vielleicht beruhigte man sich bei der Erwägung, daß für die obsiegende Partei kaum ein Anlaß vorliegen werde, die ihr durch das erste Urtheil gewährte sichere Position wieder aufzugeben. Folgerichtig hätte aber doch nur das zweite Urtheil maßgebend sein können.

Oben[3] wurde dargelegt, daß jedenfalls das kanonische Recht beim Widerstreit zweier Urtheile das zweite für nichtig erklärte. Der dazwischen tretende deutschrechtliche Gedanke der Verschweigung hat dann im gemeinrechtlichen Entwickelungsgange den Satz von der absoluten Nichtigkeit des wider eine frühere res judicata ergangenen Urtheils beseitigt, und nach der C.P.O. steht (abgesehen vom Restitutionsfalle) wieder nur dem zweiten rechtskräftigen Urtheile Wirksamkeit zu. Wie verhält sich diese Bestimmung zu der für unser heutiges Recht von mir vertheidigten staatsrechtlichen Unzulässigkeit der abermaligen Urtheilsfällung über eine rechtskräftig erledigte Sache?

1) „So ist aus dem öffentlich-rechtlichen Verbote eine civilistische Unmöglichkeit geworden; aus dem Nichtdürfen ein Nichtkönnen“: Pernice S. 145.

2) So glaube ich, um die Parallele durchzuführen, den Satz von Kohler oder auch von Savigny (oben S. 16 Note 1) wiedergeben zu können; ob schon ein Vorgänger zu gleichem Zwecke die naheliegende Formulirung verwerthet hat, ist mir nicht bekannt.

3) Oben S. 8.

Die Antwort lautet: unser bis de eadem quaestione ne judicetur ist zwar ein Verbot öffentlichen Rechts, ein solches Verbot kann aber thatsächlich nicht absolut wirken; — für den Fall nun, daß das Verbot nicht beachtet wurde oder beachtet werden konnte, hat das Gesetz vorsorglich Bestimmung getroffen.

Auch die richterliche Obrigkeit ist nicht allwissend, das Vorliegen einer res judicata kann von den Parteien verschwiegen, ihnen und dem Gerichte unbekannt geblieben sein. Verhältnißmäßig weiter, immerhin auch nicht absoluter Erfolg wäre dem Verbot zu sichern gewesen durch Anerkennung der unbedingten Nullität des zweiten Urtheils. Aber ein solcher Rückgriff auf die in mehrhundertjähriger Arbeit von uns überwundene kanonische Lehre war ausgeschlossen. Gerade unser modernes Rechtsleben beansprucht möglichst rasche Erlangung voller Rechtssicherheit.

Sodann aber konnte nicht zweifelhaft sein, daß praktisch der Fall der Koexistenz zweier verschiedener rechtskräftiger Urtheile de eadem quaestione nur äußerst selten eintreten werde. Es wäre höchst unzweckmäßig gewesen, mit Rücksicht auf derart seltene Konflikte allgemein die Sicherheit der Rechtspflege zu gefährden. Und man ist noch weiter gegangen. Denkbar wären immerhin gewesen gesetzliche Vorschriften zu möglichster Durchführung des Verbots. Aber der erforderliche Apparat [1] hätte nicht entfernt im Verhältnisse gestanden zu dem öffentlich-rechtlich doch unerheblichen Erfolge der Vermeidung einiger Doppelurtheile. Ohne alle Mängel ist eben auch die beste menschliche Rechtspflege nicht. So hat man sich denn mit Recht begnügt, für die seltenen Fälle des Widerstreits rechtskräftiger Urtheile die Richtschnur im Sinne der geschichtlichen Entwickelung zu geben: regelmäßig, soweit nicht Restitution Platz greift, gilt das jüngere Urtheil.

Der öffentlich rechtliche Satz bis de eadem quaestione ne judicetur besteht dessenungeachtet, [2] nur ist seine Befolgung (in der Redeweise der C.P.O. ausgedrückt) dem Richter nicht mit einem „muß", sondern nur mit einem „soll" vorgeschrieben. Selbstverständlich ist aber eine Sollvorschrift an den Richter von diesem pflichtmäßig durchzuführen, soweit er es vermag. Wie hat man sich hiernach die Aufgabe des Richters zu denken?

Zunächst ist selbstverständlich, daß, wenn die Parteien von sich aus der früheren res judicata Erwähnung thun, das Gericht hierauf einzugehn und, sobald die Thatsache feststeht, eine abermalige Entscheidung

1) Z. B. zwischen den Gerichten auszutauschende Verzeichnisse der rechtskräftigen Urtheile.

2) So auch Kohler S. 97.

abzulehnen hat,[1] einerlei ob eine Partei solches beantragt oder ob vielleicht beide Parteien um neue Entscheidung bitten. Selbstverständlich scheint mir auch, daß das Gericht von Amts wegen ein ihm notorisches älteres Urtheil berücksichtigen muß, nach Hinweis darauf in der mündlichen Verhandlung. Der Hinweis wird in der Regel unerläßlich sein, weil den Parteien die Aeußerung darüber ermöglicht werden muß, ob in der That eadem quaestio vorliege u. s. w. Ich meine aber, daß man auch schlechthin vom Richter erwarten darf, er werde auf jede ihm vom Vorliegen einer res judicata gemachte glaubhafte Mittheilung hin die Parteien befragen und eventuell selbständige Erhebungen anstellen.

Die Allgemeine Gerichtsordnung für die Preußischen Staaten ging noch weiter. Sie schrieb für die „Aufnehmung" der Klage wie der Antwort auf die Klage dem Deputirten ausdrücklich vor, die Parteien zu fragen, „ob etwa die eingeklagte Forderung — durch ein darüber ergangenes rechtskräftiges Urtel abgethan sey"; — „ob die Sache schon einmal rechtskräftig entschieden sey".[2]

6.

Abschließend möchte ich die von mir vertheidigte Konstruktion noch verwerthen zur Lösung zweier Streitfragen, die praktisch nicht ohne Bedeutung sind.

a) § 322 Abs. 1 der C.P.O. spricht Urtheilen die Rechtskraft nur insoweit zu „als über den durch die Klage oder durch die Widerklage erhobene Anspruch entschieden ist". Die Savignysche Lehre von der Rechtskraft der Entscheidungsgründe ist damit beseitigt.[3] Ersatz bietet § 280 in der Incidentfeststellungs-Klage und Widerklage. Allein man hat aus der Fassung des § 322 auch gefolgert, daß Entscheidungen über den Mangel einer Prozeßvoraussetzung der Rechtskraft nicht fähig seien: immer erneuerte Entscheidung der Frage soll, wenn nur absolutio ab instantia vorliegt, die zurückgewiesene Partei beanspruchen dürfen.[4] Das wäre für die Praxis ein unleidlicher Zustand. Man sucht denn auch in verschiedener Weise Abhilfe zu schaffen. Entweder es wird eine „Einrede

1) Z. Th. abweichend Kohler, der (S. 95), mit Rücksicht auf eine dadurch ermöglichte Erläuterung des ersten, vielleicht unklaren Urtheils, ein zweites, sachlich übereinstimmendes Urtheil für zulässig hält.

2) A.G. Th. I Tit. V § 6, Tit. IX § 6.

3) Abweichend Klöppel a. a. O., z. B. S. 46.

4) Am bestimmtesten L. Seuffert, Komm. 7. Aufl. zu § 293 (dort auch die Literatur über die Kontroverse), derselbe in Zeitschr. f. d. Proz. VIII 202, 203.

bezw. Replik der formell rechtskräftigen Entscheidung" zugelassen;[1] oder man konstruirt, daß der prozessuale „Anspruch" auf Verhandlung über die betr. Streitsache allerdings rechtskräftig erledigt werden könne.[2] Dabei wird zugleich gelehrt, daß solche Rechtskraft nur dann in Frage komme, „wenn in einem neuen Prozeß derselbe Anspruch unter ganz denselben prozessualen Verhältnissen geltend gemacht würde".[3]

Aber mit der „Einrede der formellen Rechtskraft" läßt sich der Streit nicht erledigen, es mangelt die Begründung für diese Neuschöpfung, deren juristischer Inhalt deshalb auch unklar bleibt. Und der konstruirte „prozessuale Anspruch" scheint mir der Fassung des § 322 Zwang anzuthun. Nach meinem Dafürhalten liegt die Sache, wie folgt.

Der grundlegende verbietende Satz öffentlichen Rechts: bis de eadem quaestione ne judicetur hat allgemeine Geltung, bezieht sich auf jedes Urtheil, mag es einen materiellen Anspruch oder eine Prozeßvoraussetzung erledigen; — denn im einen wie im anderen Falle sind die gleichen Gründe für das Verbot gegeben. Oder muß der Staat es sich gefallen lassen, daß seine Gerichte von einer rechthaberischen Partei gezwungen werden in infinitum immer wieder über dieselbe Prozeßvoraussetzung zu entscheiden?[4]

So oft dieselbe quaestio vorliegt, ist das Ablehnungsrecht der Gerichte wohl nicht zu bezweifeln, nur gründet sich ein solches Recht unmittelbar auf jenen prinzipalen Verbotsatz, nicht auf den § 322. Denn diese gesetzliche Vorschrift hebt eben nur diejenigen Anwendungsfälle hervor, in denen der negative Satz (das staatsrechtliche Verbot) besondere positive Wirkungen in Bezug auf den durch das Urtheil erledigten „Anspruch" herbeiführt („materielle Rechtskraft" im Sinne der herrschenden[5] Lehre). Da, wenn nur eine absolutio ab instantia erfolgt ist, eben keine Entscheidung über einen materiellen „Anspruch" vorliegt, so können (für den „Anspruch") jene positiven Folgewirkungen unmöglich eintreten. Nur in dem Fehlen dieser Folgewirkungen unterscheidet sich — das aber

---

1) Gaupp, Komm. 3. Aufl. zu § 248 II.

2) Planck, Lehrb. Bd. I S. 270, 271 mit analoger Anwendung des § 322.

3) Gaupp a. a. O.

4) Z. B.: Der Kläger will den Eigenthumsstreit über ein Hamburger Grundstück nicht in Hamburg ausfechten; er wird in Berlin gemäß § 24 C.P.O. zurückgewiesen. Ist er berechtigt von sämmtlichen außerhalb Hamburgs belegenen deutschen Gerichten erster Instanz auf die überall in gleicher Weise erhobene Klage hin stets erneuerte Entscheidung zu verlangen? Dürfen nicht vielmehr die später angerufenen Gerichte sich begnügen mit der Feststellung, daß bereits in Berlin rechtskräftig entschieden sei, der Eigenthumsanspruch könne nur in Hamburg Erledigung finden?

5) Anders nach Wach, oben S. 31 Note 3.

ganz selbstverständlich — die Rechtskraft des prozessualen von derjenigen des materiellen Urtheils.

Anders ausgedrückt: § 322 (293) hat überhaupt nur im Auge solche Urtheile, die (materiell) „über den durch die Klage oder durch die Widerklage erhobenen Anspruch" entscheiden. Für diese materiell entscheidenden Urtheile wird gesagt, daß sie der Rechtskraft „nur insoweit fähig" seien, als über den — Anspruch entschieden ist. Urtheile, die nur eine absolutio ab instantia enthalten, werden von dem § 322 nicht betroffen. Das lehrt auch die Fassung des Gesetzes: „nur insoweit". Anderenfalls hätte der Satz lauten müssen: „Urtheile sind der Rechtskraft nur fähig, wenn und insoweit als sie über den durch die Klage oder durch die Widerklage erhobenen Anspruch entscheiden." Wie es mit den auf absolutio ab instantia laufenden Urtheilen stehe, bleibt offen. Hierüber ist die Entscheidung nicht dem Gesetze, sondern jenem öffentlich-rechtlichen Verbote zu entnehmen.

Das Verbot wirkt natürlich nur soweit eadem quaestio vorliegt, und bei erfolgter absolutio ab instantia ist es leicht durch Beseitigung des prozessualen Mangels die quaestio zu einer anderen zu machen;[1] möglich ist ja aber auch die Veränderung der im materiellen Urtheile entschiedenen quaestio. Deshalb ist die Frage ob eadem quaestio vorliege, hier wie dort nach den Umständen des Falls zu beantworten. Gaupp's oben erwähnte Einschränkung ist jedenfalls zu verwerfen, denn danach wäre die betr. prozessuale Entscheidung für ein anderes Gericht erster Instanz eben niemals bindend.

b) Die zweite zu berührende Kontroverse führt nach dieser Abschweifung wieder zurück zur Hauptfrage: Entscheidung von Amts wegen oder nur auf Parteiantrag? — Ich meine den Streit darüber, ob die „Einrede der Rechtshängigkeit" „verzichtbar" sei. Die „Begründung des Entwurfs" bejaht das schlechthin[2] und ebenso wohl auch die heute noch herrschende Meinung. Aber die Zahl derer, die für die Unverzichtbarkeit eintreten, hat sich doch rasch gemehrt.[3] Die Praxis hilft sich zum Theil

1) Seuffert a. a. O. lehrt, daß bei Erneuerung des Streits über eine entschiedene prozessuale Frage niemals eadem res bezw. res judicata vorliege. Das ist meiner Meinung nach widerlegt worden von Kohler Proz. als Rechtsv. S. 64 Note **, vgl. auch Kohler gem. Einr. S. 93; anders, aber nicht überzeugend, R. Schmidt Lehrb. S. 528.

2) S. 195. Hahn, Mat. z. C.P.O. S. 265 unten.

3) Kohler a. a. O. S. 99. Schwalbach Arch. f. c. Pr. Bd. 64 S. 285 Note 41, Oertmann Vergleich S. 208. Bülow S. 140 ff. Schmidt Lehrb. S. 807 Note 2 übernimmt im übrigen Bülow's Lehre von der abs. Rechtskr., findet aber die Ausdehnung derselben auf die Geltendmachung der Rechtshängigkeit „nicht glücklich".

mit Aussetzung des Verfahrens von Amts wegen (§ 139), damit eventuell die exceptio rei judicatae vorgeschützt werden könne. Wird aber die „Einrede“ nicht vorgebracht, so ergehen eben möglicherweise widersprechende Urtheile und es gilt, wenn Restitution stattfindet, das ältere, anderenfalls das jüngere.[1] Damit dürfte aber doch eine Lösung eben nicht gegeben sein!

Nach der von mir vertheidigten Konstruktion liegt die Sache einfach. Daß die Motive des Gesetzes nicht entscheiden, bedarf keines Nachweises. Daß die Fassung des § 263 Abs. 2 Nr. 1 („so kann der Gegner die Einrede der Rechtshängigkeit erheben“) ebensowenig durchschlägt, hat Kohler längst dargethan:[2] § 274 läßt die Frage offen, welche der prozeßhindernden „Einreden“ „verzichtbar“ seien. Der Beklagte „kann“ ja auch unverzichtbare Einreden seinerseits zur Sprache bringen.

Wenn aber eine entgegenstehende unzweideutige Gesetzesvorschrift fehlt, so darf an Recht und Pflicht des Gerichts, die ihm bekannte Rechtshängigkeit zu beachten, nicht gezweifelt werden. Denn die gleichzeitige Anhängigmachung des bereits schwebenden Prozesses auch vor einem zweiten Gerichte kann keinen anderen Zweck haben, als den der schließlichen Erzielung zweier Urtheile über dieselbe Streitsache (zur Auswahl?). Der zweitangerufene Richter wird zweckmäßig dem Kläger eine Frist ansetzen zur Erbringung des Nachweises, daß der ersteingeleitete Prozeß durch Klagezurücknahme erledigt sei. Wird die Erbringung dieses Nachweises abgelehnt oder die Frist versäumt, so muß von Amts wegen die Klage wegen Rechtshängigkeit abgewiesen werden. Das staatsrechtliche Verbot: bis de eadem quaestione ne judicetur richtet sich mit innerer Nothwendigkeit auch gegen diejenige Inanspruchnahme unserer Gerichte, die lediglich darauf abzielt, eine Uebertretung dieses Verbots herbeizuführen.

Es war zweifellos verdienstvoll, daß Bülow die Frage der Rechtskraftdurchführung von Amts wegen in seiner umfangreichen Abhandlung zur Diskussion stellte und nach allen Seiten beleuchtete. Vielleicht kann auch die vorstehende, nur in bescheidenen Grenzen gehaltene

---

Begründet wird das nicht weiter. Aber die Sachlage ist doch die gleiche für die Einrede der Rechtskraft wie für die Rechtshängigkeitseinrede. Dies erkennt ausdrücklich an auch L. Seuffert, der sich nicht unbedingt abgeneigt zeigt, Bülow beizutreten (Komm. 7. Aufl. zu § 235 S. 325).

1) Gaupp 3. Aufl. zu § 235 S. 509.

2) A. a. O. S. 95, zustimmend Seuffert a. a. O.

Untersuchung zur Klärung des Streitstandes für die Gegenwart beitragen. Eine ausdrückliche Gesetzesvorschrift fehlt uns. Trotzdem läßt sich nach meinem Dafürhalten die entscheidende Rechtsnorm aus unseren Rechtseinrichtungen, aus unserer ganzen Rechtsauffassung mit Sicherheit ableiten.[1] Und deshalb darf und muß unser modernes, öffentlich-rechtliches ne bis in idem auch schon gegenwärtig von Amts wegen gewahrt werden. Vermögen bei uns Wissenschaft und Praxis nicht, sich einmüthig zu derart selbständigem Vorgehen zu entschließen, — nun dann müssen wir hoffen, daß unsere Gesetzgebung früher oder später, dem Beispiele Oesterreichs folgend, unzweideutig vorschreiben werde:

„Die Rechtskraft des Urtheiles ist von Amts wegen zu berücksichtigen.“ [2]

„Eine während der Streitanhängigkeit wegen des nämlichen Anspruches angebrachte Klage ist auf Antrag oder von Amts wegen zurückzuweisen.“ [3]

---

1) Oben S. 17 f., 33.
2) Oesterr. Civilproz.-Ordnung v. 1. Aug. 1895 § 411 Abs. 2.
3) Ebd. § 233 Abs. 1 a. E.

Lippert & Co. (G. Pätz'sche Buchdr.), Naumburg a. S.

FSC
www.fsc.org
MIX
Papier | Fördert
gute Waldnutzung
FSC® C083411

Kolibri 360 GmbH
Ferdinand-Jühlke-Straße 7
99095 Erfurt, Deutschland
produktsicherheit@kolibri360.de